案例式

公平交易法

林洲富 著

｜第五版｜

五南圖書出版公司 印行

推薦序

公平交易法主要在規範限制競爭及不公平競爭之行為，以維護交易秩序與消費者利益，確保公平競爭，促進經濟安定與繁榮。本書以案例式提問，系統化介紹公平交易法之主要內容，涵蓋總論、獨占事業之規範、聯合行為、不公平競爭、法律責任及附則，文筆流暢，明晰易懂。作者林洲富法官嫻熟研究方法，有多年審判實務經驗，且辦理公平交易法事件，經其精心蒐集歷來實務上之見解，參以學理上之論述，析釋各所提案例，正確中肯，使讀者容易迅速掌握公平交易法之要義，並引發研讀之興趣，是瞭解公平交易法的入門好書。

智慧財產法院院長　高秀真

2012年8月16日

五版序

PREFACE

　　作者前為智慧財產及商業法院法官，有鑑於智慧財產及商業法院管轄有關智慧財產之民事、刑事及行政訴訟事件，為使智慧財產案例式叢書可涵蓋智慧財產之民事、刑事及行政等程序法與實體法，得作為學習與實務入門之參考書籍，自2008年6月起陸續委請五南圖書公司出版專利法、智慧財產權法、商標法、著作權法、智慧財產行政程序與救濟、營業秘密與競業禁止、公平交易法、智慧財產刑事法等8本案例式專書。本著自前次四版迄今已逾3年，藉由本次增訂改版之際，除就內文為勘誤外，並依據新修正法律與增加最新實務，進行四版修正，以減少繆誤。因學識不足，所論自有疏誤之處，敬祈賢達法碩，不吝賜教釜正，至為感幸。

林洲富　謹識於中國文化大學法律系

2024年4月1日

自序

PREFACE

　　作者緣於2007年8月撰寫智慧財產權法案例式一書，嗣後陸續委請五南圖書公司出版專利法、著作權法、商標法、智慧財產行政程序與救濟、營業秘密與競業禁止等案例式等六本專書，近日並完成本著「公平交易法案例式」。我國制定公平交易法之目的，在於維護交易秩序與消費者利益，確保公平競爭，促進經濟之安定與繁榮，其與產業界與消費者關係密切，具有維護自由競爭與確保公平競爭之功能，是公平交易法有經濟憲法之性質，兼重法律執行與經濟分析之層面。作者從事智慧財產之審判，審理公平交易法涉及智慧財產權益所生之第一審與第二審民事訴訟事件、公平交易法第35條第1項有關第20條第1項與第36條有關第19條第5款之第二審刑事訴訟案件、公平交易有關智慧財產而生第一審行政訴訟事件，故擬以案例之方式，說明及分析法律之原則，將法律理論轉化成實用之產業利器，俾於有志研習者易於暸解，期能增進學習之效果。因智慧財產法院管轄有關智慧財產之民事、刑事及行政訴訟事件，筆者為使智慧財產案例式叢書可涵蓋智慧財產之民事、刑事及行政等程序法與實體法，本人預計嗣於2012年12月前完成智慧財產刑事案例式，計有智慧財產法案例式八冊。因筆者學識不足，所論自有疏誤之處，敬祈賢達法碩，不吝賜教，至為感幸。

林洲富　謹識於智慧財產及商業法院

2012年8月1日

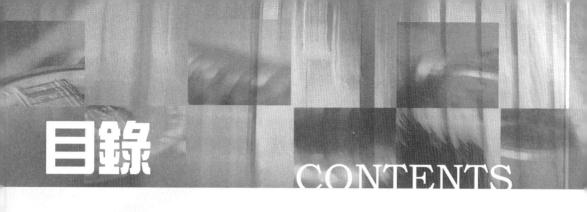

目錄 CONTENTS

總　論

關鍵詞：市場、交易秩序、行政處分、同業公會、經濟分析、經濟獨
　　　　立性、消費者利益

　　我國為維護交易秩序與消費者利益，確保公平競爭，促進經濟之安定與繁榮，特制定公平交易法（Fair Trade Act）。依據立法目的本法包含限制競爭法、消費者保護法及不正競爭三種不同性質之法律層面。公平交易法為競爭法與經濟法，其規範限制競爭行為與不正競爭行為等類型，各詳如表1-1、表1-2所示[1]：

表1-1　限制競爭行為

限制競爭行為	說明
獨占	獨占本身並非不法，僅規範反競爭之行為，其類型有獨占地位之濫用、價格垂直限制及非價格垂直限制。
結合	可能形成控制市場地位之情形下，政府始介入，以衡平「整體經濟利益」與「限制競爭之不利益」。
聯合行為	聯合行為具有秘密性與不法性，故原則上禁止，例外有益於整體利益與公共利益之情事時，則保留許可。

表1-2　不正競爭行為

不正競爭行為	法條	說明
限制轉售價格	公平交易法第19條	避免上游事業限制下游經銷商自由決定價格。
妨礙公平競爭之虞	公平交易法第20條	規範限制競爭或妨礙公平競爭之虞，計有5種類型。
商品或服務表徵之仿冒	公平交易法第22條第1項	禁止事業就商品或服務表徵之仿冒的類型，計有2種類型。
虛偽不實廣告	公平交易法第21條	禁止事業就商品或服務本身之交易上重要資訊，為虛偽不實或錯誤表示。
損害營業信譽	公平交易法第24條	禁止為營業誹謗之行為。
概括禁止條款	公平交易法第25條	規範範圍包括限制競爭行為與不公平競爭行為，或稱補餘條款。

---

[1]　林洲富，智慧財產權法案例式，五南圖書出版股份有限公司，2023年10月，13版1刷，頁250至254。

第一節 概 說

　　我國為順應經濟自由化與國際化之趨勢，立法院於1991年1月18日制定全文49條，分為第一章總則、第二章獨占、結合及聯合行為、第三章不公平競爭、第四章公平交易委員會、第五章損害賠償、第六章罰則，總統前於1991年2月4日公布施行，歷經1999年2月3日、2000年4月26日、2002年2月6日、2010年6月9日、2011年11月23日、2015年2月4日、2015年6月24日及2017年6月14日修正公布，現計有50條之條文。

例題1

　　A公司之銷售人員對欲購屋者提示海報促銷房屋時，並未將海報有不實情事告知欲購屋者，致欲購屋者相信海報內容，而對其所欲購房屋之陽台位置，室內坪數等相關事實有所誤認，進而購買房屋。因海報顯有對A公司之商品品質或內容為虛偽及引人錯誤之表示。試問：(一)有無違反公平交易法第21條第1項之虛偽不實廣告規定？(二)上揭虛偽及引人錯誤之表示行為，有無刑事責任？

壹、立法宗旨

一、維護市場公平競爭

　　市場上之參與者應以競爭為常態，隨時會有新的競爭者進入。倘市場之在位者間彼此不為競爭，進入市場之障礙甚高而阻卻他人參進，本諸自由經濟市場之立場，政府則有介入調整之必要性，以維持特定市場處於可競爭之狀態（workable competition），以促進競爭所帶來之銷率、公平

及福祉[2]。我國爲維護交易秩序與消費者利益，確保自由與公平競爭，促進經濟之安定與繁榮，特制定本法（公平交易法第1條）。

二、限制競爭與不公平競爭合併立法

我國公平交易法保護競爭制度，其與多數國家所採之競爭體系並不相同，採限制競爭與不公平競爭合併立法之體制，不採分別立法之模式[3]。準此，違反公平交易法之行爲所負責任，包涵民事、行政及刑事責任，其藉由民事損害賠償、行政處分與刑事制裁，以體現公平交易法實現禁止限制競爭行爲與不公平競爭行爲之目的，使公平交易法之規範具有實效性。相對於其他國家對於限制競爭與不公平競爭行爲之違法類型，分別由不同之法規及主管機關加以規範。

貳、經濟憲法

公平交易委員會獨立行使職權，處理有關公平交易案件所爲之處分，其性質接近準司法機關之決定，公平交易委員會所爲具有高度專業性與攸關公平交易秩序領域所作之行政處分，屬合義務性與目的性之裁量時[4]，法院就關於損害賠償金額之審理，除有裁量濫用[5]或非適法之情事外[6]，應予以尊重[7]。因公平交易法之目的，在於維護交易秩序與消費者利益，確

---

[2] 范建得、陳丁章，淺析臺北高等行政法院92年訴字第908號判決，台灣本土法學雜誌，77期，2005年12月，頁292。

[3] 美國、德國、日本及韓國採分散立法之方式，而英國則採統一立法之法制。

[4] 公平交易委員會執行公平法已逾30年，除有豐富之執法經驗外，就處分案件亦累積相當數量。

[5] 最高行政法院93年度判字第968號行政判決。

[6] 最高行政法院93年度判字第259號行政判決。

[7] 大法官會議釋字第553號解釋：涉及不確定法律概念，上級監督機關為適法性監督之際，固應尊重該下級機關或地方自治團體所為合法性之判斷，然其判斷有恣意濫用及其他違法情事，上級監督機關得依法撤銷或變更。

保公平競爭，促進經濟之安定與繁榮，其與產業界與消費者關係密切，具有維護自由競爭與確保公平競爭之功能。職是，公平交易法有經濟憲法之性質，兼重法律執行與經濟分析之層面。

參、涉外事件準據法

市場競爭秩序因不公平競爭或限制競爭之行為而受妨害者，其因此所生之債，依該市場之所在地法。不公平競爭或限制競爭行為所妨害之市場橫跨二國以上者，各該國均為市場之所在地，就該等行為在各地所生之債，應分別依各該市場之所在地法（涉外民事適用法第27條本文）。例外情形，不公平競爭或限制競爭係因法律行為造成，而該法律行為所應適用之法律較有利於被害人者，依該法律行為所應適用之法律（但書）。公平交易委員會為處理與公平交易法有關之涉及外國事業案件程序事項，特訂定公平交易委員會處理涉及外國事業案件要點。

肆、例題解析——法律適用

公平交易法未規定而其他法律有規定時，自適用其他相關法律之規定。因違反公平交易法第21條者，該法並無處以刑罰之明文，倘事業有犯罪行為，自可依刑法或特別刑法有關規定處罰[8]。職是，A公司之銷售人員對欲購屋者提示海報促銷房屋時，未將海報有不實情事告知欲購屋者，致欲購屋者相信海報內容，而對其所欲購房屋之陽台位置，室內坪數等相關事實有所誤認，自屬違反公平交易法第21條第1項之虛偽不實廣告規定[9]。該虛偽與引人錯誤之表示行為，係意圖為自己或第三人不法之所有，以詐術使人將本人或第三人之物交付者，欲購屋者因其詐術而陷於錯誤，買受

---

[8] 公平交易委員會1992年7月29日公研釋字第36號函。
[9] 最高行政法院83年度判字第1029號行政判決。

A公司之房屋，該當於普通詐欺罪（刑法第339條第1項）[10]。

伍、相關實務見解──公平交易法與商品標示法之關係

　　比較公平交易法第1條、第21條、商品標示法第4條、第6條等規定，並參諸公平交易法與商品標示法之立法宗旨，可知商品標示法立法宗旨在於促進商品正確標示，進而保護消費者權益，就商品標示部分，相較於公平交易法，商品標示法應為特別法。再者，就兩者法條結構與構成要件以觀，商品標示法規範商品標示部分範圍較狹，且內容複雜詳細，其應為特別法[11]。

第二節　規範對象

　　公平交易法規範對象為事業（enterprise），而事業之範圍有公司、獨資或合夥之工商行號、其他提供商品或服務從事交易之人、團體同業公會（trade association）及依法設立而促進成員利益之團體及其他提供商品或服務從事交易之人或團體（公平交易法第2條）[12]。準此，行政機關之公法行為，不適用公平交易法之規範。

例題2

> 　　行政院衛生福利部為增進全體國民健康，對公立醫院加以補助。試問：(一)公立醫院是否公平交易法所規範之事業？(二)該補助行為，是否違反公平交易法第三章不公平競爭之規定？

[10] 最高法院46年台上字第260號、106年度台非字第4號刑事判決。
[11] 法務部2013年3月19日法律字第10200042350號函。
[12] 公平交易委員會2019年8月12日公處字第108044號處分書。

例題3

　　公司法規定之關係企業，參與同一標案。試問：(一)是否可同時參與投標？理由為何？(二)倘參與同一招標案件，何者為公平交易法所規範之主體？

例題4

　　臺北市之A公司向臺中市之B公司訂購其製造之美術燈一批，並轉售至美國之C公司。試問上揭公司，何者為公平交易法所稱之交易相對人？依據為何？

壹、事業之範圍

一、公　司

　　所謂公司者，係指以營利為目的，依照本法組織、登記、成立之社團法人（公司法第1條）。公司分為無限公司、有限公司、兩合公司及股份有限公司（公司法第2條第1項）。例如，A公司在市場上提供成衣商品予相關消費者，並與B公司簽訂代理經銷合約，故兩公司均為公平交易法第2條第1項第1款所規範之事業，渠等提供成衣商品從事交易之行為，應適用公平交易法之規定[13]。再者，公司之範圍包含外國公司，即以營利為目的，依照外國法律組織登記（公司法第4條）。外國公司非經辦理分公司登記，不得以外國公司名義在中華民國境內經營業務（公司法第371條第1項）。

---

[13] 智慧財產及商業法院100年度民商訴字第21號民事判決。

二、獨資或合夥之工商行號

所謂獨資或合夥方式之工商行號,係指以營利為目的,以獨資或合夥方式經營之事業(商業登記法第3條)。除第5條所列之小規模商業,非經商業所在地主管機關登記,不得成立(商業登記法第4條)[14]。職是,公平交易法第2條第1項第2款所規範事業,係指獨資或合夥方式經營之事業,並經商業所在地主管機關登記而成立者。例如,臺東縣池上鄉公所以「池上米」申請註冊為第84號、第85號證明標章在案,其為提供商品證明之團體,從事私法上之經濟活動。而A糧食行、B碾米工廠為獨資之工商行號,經營私法上之米糧交易事業,故渠等各為公平交易法第2條第1項第2款、第3款所規範之事業,提供米糧產地、品質證明或從事米糧交易之行為,應有公平交易法之適用[15]。

三、其他提供商品或服務從事交易之人或團體

公平交易法第2條第1項第3款為概括條款,係指前二款以外其他提供商品或服務從事交易之人或團體,不論為法人或自然人,其為獨立而繼續從事生產、商品交易或提供服務之行為,在市場從事競爭活動者,不以營利為限,均受公平交易法之規範[16]。茲舉例說明之:

(一)行政機關之私法行為

行政機關立於私法主體之地位,從事私法上之交易行為或經濟活動,其非公法上之法律關係,為確保公平交易與競爭之機會,其應屬公平交易法第2條第1項第3款之規範對象。

---

[14] 商業登記法第5條第1項規定:下列各款小規模商業,得免依本法申請登記:1.攤販。2.家庭農、林、漁、牧業者。3.家庭手工業者。4.民宿經營者。5.每月銷售額未達營業稅起徵點者。

[15] 智慧財產及商業法院100年度民商訴字第16號民事判決。

[16] 簡榮宗,公平交易法,書泉出版社,2002年10月,頁8至9。

(二)未經認許之外國公司交易行為

　　未經認許之外國公司，依我國公司法規定雖未具獨立法人人格，然其屬非法人團體，倘在我國市場上有提供商品或服務，從事交易之行為，符合繼續、獨立、從事經濟活動之要件，即為我國公平交易法第2條第1項第3款所規範之事業[17]。

四、同業公會

　　所謂事業所組成之同業公會者，係指一定地區內具有相同職業之人，依據法律而組成之法人團體，其應包含從事各種經濟活動之人所組成之團體。故公平交易法第2條第2項所指之事業範圍，應不僅限於工商業團體，亦包含醫師公會、建築師公會、律師公會及會計師公會[18]。申言之，同業公會之範圍有：(一)依工業團體法成立之工業同業公會及工業會；(二)依商業團體法成立之商業同業公會、商業同業公會聯合會、輸出業同業公會及聯合會、商業會；(三)依其他法規規定成立之律師公會、會計師公會、建築師公會、醫師公會、技師公會等職業團體（公平交易法施行細則第2條第1項）。本法第2條第2項所稱其他依法設立、促進成員利益之團體，指除前項外其他依人民團體法或相關法律設立、促進成員利益之事業團體（第2項）。

貳、交易相對人

　　所謂交易相對人（trading counterpart），係指與事業進行或成立交易之供給者或需求者（公平交易法第3條）。例如，工會在特定條件下可為交易行為之主體，工會得提供服務從事交易，其屬公平法第2條所稱之

---

[17] 最高法院50年台上字第1898號、96年度台上字第175號民事判決；最高行政法院95年度判字第2128號行政判決。

[18] 簡榮宗，公平交易法，書泉出版社，2002年10月，頁7。

事業，應受公平法之規範。同理，工會在特定條件，得提供服務從事交易，可成為公平法第3條所稱之交易相對人[19]。

參、競爭之定義

所謂競爭者，係指二以上事業在市場上以較有利之價格、數量、品質、服務或其他條件，爭取交易機會之行為（公平交易法第4條）。例如，A電機公司利用地震後災情與臺電停電限電期間，利用市場嚴重供需失調之緊急情勢，所取得之交易優勢地位，為不當之價格決定，致其小型發電機組之售價，平均高於其平時售價之1倍以上，對交易相對人及需電恐急之消費者，顯屬顯失公平行為，並有損於以效能競爭為本質之市場交易秩序，影響國民之生活安定，並阻礙經濟發展，構成公平交易法第25條之不公平競爭行為。

肆、例題解析

一、政府機關

公立醫院之醫事人員具有公務員任用資格者，係以公務員任用之，其薪俸依公務人員俸給法以及公務預算支出，其與私立醫院不同。醫療機構收取醫療費用之標準，由直轄市、縣（市）主管機關核定之（醫療法第21條）。而事業關於競爭之行為，另有其他法律規定者，不牴觸本法立法意旨之範圍內，優先適用該其他法律之規定（公平交易法第46條）。故行政院衛生福利部為增進全體國民健康，對公立醫院加以補助之行為並無公平交易法之適用。況政府機關為公法行為時，其主體非屬公平交易法第2條所稱之事業，是政府對公立醫院依法或依政策編列公務預算予以補

---

[19] 公平交易委員會1992年7月21日公研釋字第25號函。

助,自非公平交易法規範之範圍[20]。

二、關係企業

　　公平交易法規定之事業應具有獨立從事經濟活動之特性。例如,倘保險業務員為所屬保險公司之受僱員工,因其缺乏事業所應有之獨立性,所為招攬保險業務之行為屬公司之行為,故非公平交易法所稱之事業。反之,保險業務員非保險公司之受僱員工,而具有獨立從事交易之特性者,則為公平交易法所稱之事業,應受公平交易法之規範[21]。關係企業之經濟獨立性要件,應以關係企業之各事業,是否仍保有經營決策之獨立性而定。詳言之,倘關係企業之各事業間,具有實質之控制、從屬關係者(公平交易法第10條第1項第2款至第5款;公司法第369條之1)。該等事業間雖名義上各具有事業資格或法律上獨立人格,然因彼此間利害關係相同,從屬事業即不具經濟獨立性與自主決定能力。職是,關係企業之各公司均有獨立之法人人格,固可在同一標案同時參與投標,惟從屬事業不具經濟獨立性與自主決定能力,仍應以母公司或控制公司為規範主體[22]。

三、交易相對人

　　臺灣地區A公司向B公司訂購其製造之美術燈一批,渠等為買賣關係,A公司為買受人即需求者,而B公司為出賣人即供給者,A公司與B公司互為交易相對人(公平交易法第3條)。A公司將該批美術燈轉售至美國之C公司,因C公司未在臺灣地區設立分公司,亦未從事商業活動,則非公平交易法所得規範。

---

[20] 公平交易委員會1992年4月18日公研釋字第1號函。
[21] 公平交易委員會1996年4月29日公法字第1358號函。
[22] 公平交易委員會1999年11月9日公貳字第8804495-001號函。

伍、相關實務見解──事業之定義

公平交易法所規定之事業，係就市場上之特定商品或服務，能自主決定其供給或需要而影響市場之競爭關係者，凡販賣相關大眾所共知之商品或服務，且此商品或服務流入市場後，客觀上足以影響消費者對商品或服務購買之意願，即屬公平交易法所稱事業[23]。例如，販賣使用相關大眾所共知之他人商標之商品，不論其販賣之場所為何，僅以商品流入市場後，客觀上足以使相關消費者對商標之真假產生混淆，影響購買真品之意願，則為不公平競爭，縱使為攤販，亦屬公平交易法所稱之事業[24]。

第三節　主管機關

公平交易委員會為公平交易政策與公平交易法之中央主管機關，負責依法擬訂公平交易政策與法規，暨調查與處理事業之諸類妨礙競爭之行為[25]。而公平交易法案件處理程序可分三階段：(一)第一階段為受理與調查程序；(二)第二階段為審議程序；(三)第三階段為處分之執行與行政救濟程序[26]。

例題5

富山林實業股份有限公司以富山林科技娛樂股份有限公司使用其之公司名稱、商標及服務標章「富山林」，表彰其所從事之網路動畫，致與檢舉人營業或服務之設施或活動混淆，涉嫌違反公平交易法第22條第1項第2

---

[23] 臺灣新竹地方法院98年度重訴字第49號民事判決。
[24] 臺灣臺北地方法院88年度易字第388號刑事判決。
[25] 汪渡村，公平交易法，五南圖書出版股份有限公司，2007年9月，3版1刷，頁29。
[26] 簡榮宗，公平交易法，書泉出版社，2002年10月，頁225。

款、第25條規定之情事，乃向公平交易委員會提出檢舉，請求依法查處。案經公平交易委員會以函復知富山林實業股份有限公司，其謂檢舉人使用「富山林」作為公司名稱特取部分，其商品或服務之特性與被檢舉人間有明顯區隔，故難認有違反上開公平交易法規定。試問檢舉人就公平交易委員會函，有無救濟途徑？

壹、主管機關組成與地位

一、公平交易委員會

　　行政院公平交易委員會（the Fair Trade Commission）於2011年11月14日制定公布「公平交易委員會組織法」，業奉行政院定自2012年2月6日施行，自同日起機關名稱變更為公平交易委員會（公平交易委員會組織法第1條）。是公平交易法之主管機關為公平交易委員會（公平交易法第6條第1項）。本法規定事項，涉及他部會之職掌者，由公平交易委員會商同各該部會辦理之（第2項）。

二、合議制

　　公平交易委員會置專任委員7人，任期4年，任滿得連任，由行政院院長提名經立法院同意後任命之，行政院院長為任命時，應指定1人為主任委員，1人為副主任委員（公平交易委員會組織法第4條第1項）。其中1人為主任委員，特任，對外代表公平交易委員會；1人為副主任委員，職務比照簡任第14職等；其餘委員職務比照簡任第13職等（第2項）。委員出缺時，其繼任人之任期至原任期屆滿之日為止（第4項）。本會委員具有同一黨籍者，不得逾委員總額1／2（第7項）。本會每週舉行委員會議1次，必要時，得召開臨時會議（公平交易委員會組織法第10條第1項）。前項會議以主任委員為主席，主任委員因故不能出席時，由副主任

委員代理。主任委員、副主任委員均不能出席時，由委員互推1人爲主席（第2項）。會議之決議，應有全體委員過半數之出席，及出席委員過半數之同意行之（第3項）。職是，公平交易委員會採合議制，委員各自獨立行使職權。

三、高度專業性

公平交易委員會處理有關公平交易案件所爲之處分，具有高度專業性及攸關公平交易秩序領域所作之行政處分，屬合義務性與目的性之裁量時，法院就關於損害賠償金額審理，除有裁量濫用[27]，或非適法之情事外[28]，應予以尊重[29]。

四、司法審查密度

公平交易委員會所爲行政處分之存在，固爲行爲人犯公平交易法之刑事案件之構成要件一部，惟有關行政處分違法與否之判斷，係專屬於行政法院之權限，普通法院不宜介入。故刑事法院僅宜就公平會行政處分之存在，爲形式上之審查。例如，處分書有無合法製作完成？有無合法送達？或有無行政程序法第111條所定無效之事由存在等事項，而不及於行政處分之實質合法性。且以行政處罰作爲刑罰之構成要件者，司法亦僅作形式審查[30]。

---

[27] 最高行政法院93年度判字第968號行政判決。
[28] 最高行政法院93年度判字第259號行政判決。
[29] 大法官會議釋字第553號解釋。
[30] 臺灣高等法院暨所屬法院88年法律座談會刑事類提案第55號，臺灣高等法院暨所屬法院88年法律座談會彙編，頁348至352。

貳、主管機關之職權

一、主管機關

　　綜觀整部之公平交易法，眞正具有處理公平交易法事項之權限者，僅有主管機關公平交易委員會，地方機關僅依據公平交易法規定，其於具體個案中協助公平交易委員會爲案件之調查或受公平交易委員會委託辦理宣導事項[31]。公平交易委員會對於違反本法規定，危害公共利益之情事，得依檢舉或職權調查處理（公平交易法第26條）[32]。主管機關對於無具體內容、未具眞實姓名或住址之檢舉案件，得不予處理（公平交易法施行細則第30條）。例如，公平交易委員會對於公平交易法第25條案件之處理原則第5點規定，判斷足以影響交易秩序時，應考量是否足以影響整體交易秩序。諸如受害人數之多寡、造成損害之量及程度、是否會對其他事業產生警惕效果及是否爲針對特定團體或組群所爲之欺罔或顯失公平行爲等事項；或有影響將來潛在多數受害人效果之案件，且不以其對交易秩序已實際產生影響者爲限。準此，事業於行銷商品時，倘以積極欺瞞或消極隱匿商品不具有普遍轉讓可能性之重要交易資訊，且出示非具普遍性之轉讓成功資料及保證可協助轉讓，致引起交易相對人誤認商品之轉售利益，而作成交易之決定，該不當行銷手法顯屬欺罔行爲；而該欺罔行爲，如造成多數交易相對人受害者或有影響將來潛在多數受害人效果，符合足以影響交易秩序之要件，違反公平交易法第25條規定[33]。

---

[31] 廖義男，註釋公平交易法，智慧財產專業法官培訓課程，司法院司法人員研習所，2006年6月，頁33。

[32] 公平交易委員會2013年9月12日公處字第102152號處分書。

[33] 公平交易委員會2011年1月6日公處字第100004號處分書。

二、職權內容

行政院為處理本法有關公平交易事項，應設置公平交易委員會，其職掌如後：(一)關於公平交易政策及法規之擬訂事項；(二)關於審議本法有關公平交易事項；(三)關於事業活動及經濟情況之調查事項；(四)關於違反本法案件之調查、處分事項；(五)關於公平交易之其他事項。公平交易委員會為規範有關法規命令之體例及訂定程序等作業，茲參照行政程序法、中央法規標準法及行政機關法制作業應注意事項規定，特訂定公平交易委員會訂定法規命令作業要點。例如，公平交易委員會依據公平交易法第50條訂定公平交易法施行細則。

(一)調查程序

公平交易委員會依本法為調查時，得依下列程序進行：1.通知當事人及關係人到場陳述意見；2.通知當事人及關係人提出帳冊、文件及其他必要之資料或證物。例如，公平交易委員會依公平交易法第27條規定，得請求銀行提供涉案帳戶往來資料；3.派員前往當事人及關係人之事務所、營業所或其他場所為必要之調查（公平交易法第27條第1項）。例如，公平委員會依據事業之房屋銷售之不實廣告及事業銷售人員名片，經派員至事業售屋現場調查結果，除取得事業之銷售人員名片及標準層平面配置圖，該等名片背面之付款期數表，已由現場銷售人員填妥坪數及總價款，該等資料確由事業提供其銷售人員交付予公平交易委員會之查證人員，作銷售房屋之用[34]。依前項調查所得可為證據之物，主管機關得扣留之；其扣留範圍及期間，以供調查、檢驗、鑑定或其他為保全證據之目的所必要者為限（第2項）。受調查者對於主管機關依第1項規定所為之調查，無正當理由不得規避、妨礙或拒絕（第3項）。執行調查之人員依法執行公

---

[34] 最高行政法院87年度判字第2793號行政判決。

務時，應出示有關執行職務之證明文件；其未出示者，受調查者得拒絕之（第4項）。

1. 通知當事人及關係人到場陳述意見

主管機關依本法第27條第1項第1款規定為通知時，應以書面載明下列事項：(1)受通知者之姓名、住居所。受通知者為公司、行號、公會或團體者，其負責人之姓名及事務所、營業所；(2)擬調查之事項及受通知者對該事項應提供之說明或資料；(3)應到之日、時、處所；(4)無正當理由不到場之處罰規定（公平交易法施行細則第31條第1項）。前項通知，至遲應於到場日48小時前送達。但有急迫情形者，不在此限（第2項）。前條之受通知者，得委任代理人到場陳述意見。但主管機關認為必要時，得通知應由本人到場（公平交易法施行細則第32條）。第31條之受通知者到場陳述意見後，主管機關應作成陳述紀錄，由陳述者簽名。其不能簽名者，得以蓋章或按指印代之；其拒不簽名、蓋章或按指印者，應載明其事實（公平交易法施行細則第33條）。

2. 通知當事人及關係人提出資料或證物

主管機關依本法第27條第1項第2款規定為通知時，應以書面載明下列事項：(1)受通知者之姓名、住居所。受通知者為公司、行號、公會或團體者，其負責人之姓名及事務所、營業所；(2)擬調查之事項；(3)受通知者應提供之說明、帳冊、文件及其他必要之資料或證物；(4)應提出之期限；(5)無正當理由拒不提出之處罰規定（公平交易法施行細則第34條）。主管機關收受當事人或關係人所提出之帳冊、文件及其他必要之資料或證物後，應依提出者之請求，製發收據（公平交易法施行細則第35條）。

(二)協力義務

公平交易委員會依第27條規定進行調查時，受調查者於期限內，如

無正當理由拒絕調查、拒不到場陳述意見，或拒不提出有關帳冊、文件等資料或證物者，處新臺幣5萬元以上50萬元以下罰鍰。受調查者再經通知，無正當理由連續拒絕者，公平交易委員會得繼續通知調查，並按次連續處新臺幣10萬元以上100萬元以下罰鍰，至接受調查、到場陳述意見或提出有關帳冊、文件等資料或證物為止（公平交易法第44條）[35]。例如，經濟部工業局檢送A公司製造，並由B公司販售之「埔里名泉」包裝水，虛偽標示「食品GMP認證」涉有違法情事，公平交易委員會請求A公司與B公司提供販售系爭商品等相關事證，均未獲覆。因A公司與B公司依公平交易法第27條第1項規定，有接受公平交易委員會調查之義務，渠等於期限內，無正當理由，拒不提供有關交易相對人資料、文件及其他必要之資料或證物，經斟酌A公司與B公司營業情形、被處分行為之性質、動機及目的，行為對公平交易委會處理調查案件之影響，得依公平交易法第44條規定處分之。

(三)中止調查制度

　　主管機關對於事業涉有違反本法規定之行為進行調查時，事業承諾在主管機關所定期限內，採取具體措施停止並改正涉有違法之行為者，主管機關得中止調查（公平交易法第28條第1項）。前項情形，主管機關應對事業有無履行其承諾進行監督（第2項）。事業已履行其承諾，採取具體措施停止並改正涉有違法之行為者，主管機關得決定終止該案之調查。但有下列情形之一者，應恢復調查：1.事業未履行其承諾；2.作成中止調查之決定，所依據之事實發生重大變化；3.作成中止調查之決定，係基於事業提供不完整或不真實之資訊（第3項）。第1項情形，裁處權時效自中止調查之日起，停止進行。主管機關恢復調查者，裁處權時效自恢復調查

---

[35] 公平交易委員會2013年1月31日公處字第102017號處分書。

之翌日起，而與停止前已經過之期間一併計算（第4項）[36]。

參、例題解析——檢舉之函覆性質

一、實務爭議

公平交易委員會對於違反本法規定，危害公共利益之情事，得依檢舉或職權調查處理（公平交易法第26條）。檢舉人不服公平交易委員會認定不違反公平交易法之函復，得否提起行政爭訟，最高行政法院有不同之見解，認為該函復具有行政處分之性質，自得提起行政爭訟[37]；反之，認為該函復為觀念通知者，則不得提起行政爭訟[38]。此問題涉及司法審判之問題。採行政處分者，使檢舉人得提起行政爭訟，公平交易委員會勢必成為被告機關，固會增加公平交易委員會與行政法院之業務負荷。然基於法治國原則，事業是否違反公平交易法，公平交易委員會所為認定，不應有最後之決定權，應由司法機關為最後之決定。

二、行政處分說

(一)定 義

所謂行政處分者，係指中央或地方機關就公法上具體事件所為之決定或其他公權力措施而對外直接發生法律效果之單方行政行為而言（行政程序法第92條第1項；訴願法第3條第1項）。憲法第16條規定人民有訴願及訴訟之權利，旨在保障人民遭受公權力侵害時，可循國家依法所設之程

---

[36] 公平交易委員會2017年10月20日公處字第106094號處分書。
[37] 最高行政法院93年度裁字第1698號、94年度裁字第717號、94年度裁字第1737號行政裁定。
[38] 最高行政法院94年度裁字第1364號、94年度裁字第1477號、94年度裁字第2485號、94年度裁字第2670號行政裁定：向公平交易委員會提出檢舉，經公平交易委員會調查結果為之處置，並非行政處分。

序,提起訴願或行政訴訟,俾其權利獲得最終之救濟,並使作成行政處分之機關或其上級機關藉由訴願制度,自行矯正其違法或不當處分,以維法規之正確適用及人民之合法權益。行政機關行使公權力,就特定具體之公法事件所為,對外發生法律上效果之單方行政行為,不因其用語、形式及是否有後續行為,或有無記載得聲明不服之文字而有異。凡直接影響人民權利義務關係,且實際上已對外發生效力者,均得視其為行政處分[39]。

(二)公平交易法之規範

公平交易法第22條規定仿冒行為之禁止,同條第1項第2款規定,事業就其營業所提供之商品或服務,不得有以著名之他人姓名、商號或公司名稱、標章或其他表示他人營業、服務之表徵,為相同或類似之使用,致與他人營業或服務之設施或活動混淆者。事業不得為競爭之目的,而陳述或散佈足以損害他人營業信譽之不實情事(公平交易法第24條)。除本法另有規定者外,事業亦不得為其他足以影響交易秩序之欺罔或顯失公平之行為(公平交易法第25條)。公平交易法雖係為維護公共秩序與消費者利益,確保公平競爭而設之規定,然就本法之整體結構、適用對象、所欲產生之規範效果等綜合判斷,可得知本法亦有保障因違反本法規定,致權益被侵害特定人或事業之意旨。準此,檢舉人對其檢舉案調查處理之結果是否提起訴願,仍應以公平交易委員會之調查處理,有無致檢舉人權益受損為斷。

(三)行政爭訟之標的

富山林實業股份有限公司以富山林科技娛樂股份有限公司使用其之公司名稱、商標及服務標章「富山林」,表彰其所從事之網路動畫,致與檢舉人營業或服務之設施或活動混淆,涉嫌違反公平交易法第22條第1項

---

[39] 大法官會議釋字第423號、第459號解釋。

第2款、第25條規定之情事，乃向公平交易委員會提出檢舉，請求依法查處，以維護交易秩序與消費者利益，並確保公平競爭之本質。案經公平交易委員會以函復通知富山林實業股份有限公司，認為被檢舉人使用「富山林」作為公司名稱特取部分，其商品或服務之特性與富山林實業股份有限公司間，尚有明顯區隔，故難認其有違反上開公平交易法之規定等語。該函覆屬公法上具體事件所為之決定，而對外直接發生法律效果之單方行政行為，自屬行政處分，依該行政處分之內容，對檢舉人之權益自生影響，依法得經訴願後提起行政訴訟[40]。

三、非行政處分說

對檢舉人依法檢舉事件，主管機關依該檢舉進行調查後，所為不予處分之復函，僅在通知檢舉人，主管機關就其檢舉事項所為調查之結果，其結果因個案檢舉事項不同而有差異法律，並未規定發生如何之法律效果。縱使主管機關所為不予處分之復函，可能影響檢舉人其他權利之行使，然其係事實作用，而非法律作用，未對外直接發生法律效果，自非行政處分。參諸公平交易法第20條、第24條及第25條規定，縱有保護人民生命、身體及財產等法益之目的，惟各該法律對主管機關應執行職務行使公權力之事項，未明確規定，難謂該管機關依此規定，對人民負有特定作為義務而無不作為之裁量餘地。檢舉人以第三人違反公平交易法第20條、第24條或第25條規定，而依同法第26條規定向公平交易委員會檢舉者，難認定該檢舉人得請求主管機關為特定有利於自己而不利於第三人之行政處分[41]。職是，公平交易委員會所為檢舉不成立或成立之函文，非屬行政處分，倘檢舉人或被檢舉人對函文，向行政法院提起課予義務訴訟（行政

---

[40] 最高行政法院93年度裁字第1698號行政裁定。
[41] 大法官會議釋字第469號解釋。

訴訟法第5條）或撤銷訴訟（行政訴訟法第4條），行政法院得以起訴不
合法裁定駁回其訴，此爲最新的實務見解[42]。

肆、相關實務見解——提起訴願要件

依公平交易法第26條規定爲檢舉者，僅爲促使公平交易委員會爲職
權調查處理之發動，任何人對於違反公平交易法規定，危害公共利益之情
事，均得爲檢舉。至於得否對其檢舉案調查處理之結果提起訴願，仍以公
平交易委員會之調查處理，是否致其權益受損爲斷，非謂檢舉人不問其是
否因該調查處理而受損，均得對之提起訴願[43]。

---

[42] 最高行政法院99年度6月份庭長法官聯席會議（四）。
[43] 各級行政法院91年度行政訴訟法律座談會法律問題第7則。

第二章

獨占事業之規範

關鍵詞：占有率、特定市場、產品市場、地理因素、樞紐設施、掠奪
　　　　性訂價、壓倒性地位

獨占廠商足以掌控市場之供需與價格，其會產生超額利潤與完全價格歧視，其影響交易秩序與消費者權益，故國家應介入市場機制，而有管制市場之必要性，下表2-1為獨占與寡占的比較。

表2-1 獨占與寡占的比較

類型	定義	法條
獨占	事業在相關市場處於無競爭狀態，或具有壓倒性地位，可排除競爭之能力者。	公平交易法第7條第1項
寡占	二以上事業，實際上不為價格之競爭，而其全體之對外關係，具有在相關市場處於無競爭狀態，或具有壓倒性地位，可排除競爭之能力者，視為獨占。	公平交易法第7條第2項

第一節　獨占事業之定義

獨占類型分為人為獨占與自然獨占：(一)前者為法令之限制，如授與專利權人獨占專利技術之市場，其性質為人為獨占；(二)後者係市場機能充分發揮之結果，致放任市場自由運行，廠商自由進出，因產業成本特性與競爭之結果，再配合規模經濟與範疇經濟之加乘效果，可能會形成自然獨占，故是否達自然獨占之程度，則與規模經濟與範疇經濟有關。

例題6

A石油公司為甲國唯一之石油供應業，由A石油公司提供航機之油料，其方式由A石油公司自行出售石油與航空公司，或由經營航機加油業務之加油公司，向A石油公司購買航空燃油，再為客戶航機加油。試問A石油公司是否為獨占事業？依據為何？

壹、獨占與寡占

一、獨占市場

(一)獨占定義

　　所謂獨占者（monopolistic enterprise），係指事業在相關市場處於無競爭狀態，或具有壓倒性地位，可排除競爭之能力者（公平交易法第7條第1項）。例如，臺灣自來水股份有限公司、臺灣電力股份有限公司之經營型態，均屬獨占性事業，其所提供之產品或服務，並無類似之替代品存在。再者，當僅有一家廠商之專利技術造成自然獨占情形時，即形成獨占市場之局面，其為價格決定者（price maker）。例如，因製造光碟或禽流感疫苗等專利技術，形成單獨廠商壟斷國內特定市場時，故我國政府為調和專利制度與競爭制度，開啟強制授權之機制。

(二)相關市場

　　所謂相關市場者（relevant market），係指事業就一定之商品或服務，從事競爭之區域或範圍（公平交易法第5條）[1]。換言之，特定市場至少包含二個面向：1.相關商品或服務市場；2.相關市場地理市場[2]。二以上事業，實際上不為價格之競爭，而其全體之對外關係，具有前開規定之情形者，視為獨占，即將寡占視同獨占而為同一規範（公平交易法第7條第2項）[3]。公平交易法規範獨占行為之目的，在於限制垂直競爭行為，獨占本身並非不法，公平交易法不作結構面之禁止，僅在事業利用其市場力量以遂行反競爭行為時，始作個案式與行為面之濫用控制。其反競爭行為類型有三：1.獨占地位之濫用；2.價格垂直限制；3.非價格垂直限制。

---

[1] 公平交易委員會2016年3月4日公處字第105019號處分書。

[2] 張麗卿，公平交易法行政責任與刑事責任專題，智慧財產專業法官培訓課程，司法院司法人員研習所，2006年5月，頁9。

[3] 公平交易委員會2017年10月20日公處字第106094號處分書。

二、寡占市場

(一)定　義

所謂寡占者（oligopoly），係指二以上事業，實際上不爲價格之競爭，而其全體之對外關係，具有在相關市場處於無競爭狀態，或具有壓倒性地位，可排除競爭之能力者，將二以上事業全體視爲獨占（公平交易法第7條第2項）。就寡占而言，係指市場上僅有少數廠商生產物品或提供，廠商間形成互相牽制（mutual dependence）。例如，中國石油股份有限公司與台塑石油股份有限公司間（duopoly）爲提高市場占有率而展開油價之持續競爭。

(二)卡特爾組織

寡占廠商爲避免互相競爭造成兩敗俱傷之局面，其等會採取聯合定價（price fixing）方式。換言之，當市場某廠商宣布調高價格，其他競爭者隨即漲調價格。其消極功能得避免惡性競爭，並達壟斷市場之積極目的，此稱卡特爾組織[4]。例如，石油輸出國家組織（OPEC）或海運業者組成之同業結盟。正如經濟學之父亞當斯密（Adam Smith）所述，人類之自利心理與競爭力量，固爲自由經濟體系運作之原動力，然缺乏適度之規範時，市場機能反而易受人爲之聯合操縱。

貳、界定市場範圍

所謂相關市場者，係指事業就一定之商品或服務，從事競爭之區域或範圍（公平交易法第5條）[5]。準此，界定市場範圍，應考慮產品市場、地理因素及時間因素。

---

[4] United States v. Trans-Missouri Freight Assn., 166 U.S. 290 (1897).
[5] 公平交易委員會2016年3月4日公處字第105019號處分書。

一、產品市場

所謂產品市場者，係指所有能夠滿足特定需求，且在功能、用途及價格條件上，具有緊密替代性之產品或服務所構成之組合。例如，依經濟部商業司登記營業項目所界定，視聽歌唱業係指提供視聽伴唱設備，供人歌唱之營利事業，此為A公司參與事業之主要營業項目。雖A公司主張電影業、遊樂園業、百貨業、逛街購物、複合式休閒餐廳、線上遊戲等消費行為，其與視聽歌唱服務具有替代關係。然考量上開各項消費行為之消費金額、消費時間、消費地點、參與人數及活動模式等，均與視聽歌唱服務有相當差距。職是，A公司參與事業以「視聽歌唱服務市場」作為產品市場[6]。

二、地理因素

所謂地理因素者，係指各事業提供商品或服務從事競爭之區域範圍，交易相對人在此區域內，可為無障礙之選擇及轉換交易對象，亦稱地理市場或區域市場[7]。茲舉例說明如後：

(一)視聽歌唱事業

視聽歌唱業係提供視聽伴唱設備，供人歌唱之營利事業，其交易必須於特定場所及特定時間內完成，具有時空特定之性質；且因每人每小時之消費金額有限，故就消費者而言，交通時間、交通成本等因素，對於交易對象之選擇與轉換，具有相當影響，本案結合區域雖以全國為範圍。然受影響之地理市場，應以規劃有短程交通路網之個別縣市或相鄰縣市為範圍。以臺北市與新北市為例，該區域設有綿密之公車及捷運路網，即可視

---

[6] 公平交易委員會2007年3月9日公結字第096002號決定書。
[7] 陳家駿、羅怡德，公平交易法與智慧財產權—以專利追索為中心，五南圖書出版有限公司，1999年11月，頁201。

爲特定地理市場[8]。

(二)加油站事業

　　加油站業者所涉市場範圍，有油品批售市場及加油站零售市場；前者係由供油業者與加油站業者所構成，以全國爲地理市場之界定範圍；後者則應考量加油站業者提供產品或服務從事競爭之區域，並同時考量油品特性與消費者轉換之可能性，即地理構面爲界定該市場之重要因素[9]。

三、時間因素

　　時間因素可直接影響產品間之替代彈性，通常時間與替代性成正比，時間越久則替代性越高。隨著科技快速發展，亦使產品或服務之互相替代能力提高[10]。

參、判斷獨占之因素

一、主要因素

　　判斷事業是否有獨占情事，應審酌下列事項認定之：(一)事業在特定市場之占有率；(二)考量時間、空間等因素下，商品或服務在特定市場變化中之替代可能性；(三)事業影響特定市場價格之能力；(四)他事業加入特定市場有無不易克服之困難；(五)商品或服務之輸入、輸出情形（公平交易法施行細則第3條）。

二、市場占有率

　　計算事業之市場占有率時，應先審酌該事業及該特定市場之生產、銷

---

[8] 公平交易委員會2007年3月9日公結字第096002號決定書。

[9] 公平交易委員會2005年12月16日公貳字第0940010699號函。

[10] 汪渡村，公平交易法，五南圖書出版股份有限公司，2007年9月，3版1刷，頁27。

售、存貨、輸入及輸出值（量）之資料（公平交易法施行細則第4條第1項）。計算市場占有率所需之資料，得以中央主管機關調查所得資料或其他政府機關記載資料為基準（第2項）。

三、獨占事業認定範圍

事業無下列各款情形者，不列入第7條獨占事業認定範圍：(一)一事業在特定市場之占有率達1/2；(二)二事業全體在特定市場之占有率達2/3；(三)三事業全體在特定市場之占有率達3/4（公平交易法第8條第1項）。有前項各款情形之一，其個別事業在該特定市場占有率未達1/10或上一會計年度事業總銷售金額未達主管機關所公告之金額者，該事業不列入獨占事業之認定範圍（第2項）。事業之設立或事業所提供之商品或服務進入特定市場，受法令、技術之限制或有其他足以影響市場供需，可排除競爭能力之情事者，雖有前開不列入認定範圍之情形，中央主管機關仍得認定其為獨占事業（第3項）。

肆、例題解析──獨占市場

A石油公司為甲國唯一之石油市場供應業，在市場具有獨占地位。機場航機加油方式，係由A石油公司自煉油廠以管線將石油輸送至機場儲油庫，由A石油公司自行出售石油與航空公司，並為其將燃油加入航機，或由航空公司自行向A石油公司上訴人購油後，委請加油公司將燃油加入航機，或由經營航機加油業務之加油公司，向A石油公司購買航空燃油，再為客戶航機加油。因A石油公司兼具航空燃油供油市場及國內航線加油服務市場之唯一事業，其在甲國之國內航空燃油供油市場，具有獨占地位[11]。

---

[11] 最高行政法院93年度判字第795號行政判決。

伍、相關實務見解——相關市場之優勢地位

依公平交易法經公告為獨占之事業，僅表示其在相關市場具有優勢地位之事實狀態，並非認定該等事業企圖或曾經於國內外市場濫用其市場地位，故事業不能以其無法濫用其市場地位，而否定其在相關市場具有優勢地位之事實。再者，市場優勢地位乃就事業之平行關係而言，尚難謂事業在特別法令及目的事業主管機關之監督管制，即喪失其相對於其他事業之優勢地位[12]。

第二節　獨占事業之不正行為

我國參考韓國、德國等國立法例，採防弊主義立法，僅就獨占之事業以不公平之方法濫用其獨占地位之行為，始加以禁止，獨占事業本身並不違法。

例題7

A網路公司為網路服務之獨占事業，其推出「網路服務優惠方案」，給予連線客戶電子資料交換服務變動費率6折之優惠，該優惠方案承諾書中要求應於「優惠期間內承諾100%使用A網路公司之通關網路服務，倘未能遵守承諾，A網路公司有權中止本項優惠方案，並同意自A網路公司終止本優惠日起返還A網路公司已給付之優惠金額與原價金差額。」導致原本已與B網路公司之連線客戶，因此拒絕再與B網路公司連線。試問A網路公司之行為，是否屬獨占事業之不正行為？

---

[12] 最高行政法院83年度判字第890號行政判決。

壹、不正行為之類型

一、以不公平之方法阻礙他事業參與競爭

因獨占事業在特定市場處於無競爭狀態，或具有壓倒性地位，對於該市場潛在競爭者而言，構成進入障礙。倘再以不公平之方法，直接或間接阻礙他事業參與競爭，應屬獨占力之濫用（公平交易法第9條第1款）。茲舉例說明如後：

(一)拒絕供應油品

具有獨占地位之油品供應業者，倘無正當理由，對於加油站、油品經銷商或大宗用戶斷絕油品供應，將涉及以不公平之方法，直接或間接阻礙他事業參與競爭[13]。

(二)拒絕提供網路服務

獨占電信事業為維護市場地位、阻礙或排除競爭，拒絕與其他電信事業之網路接續，或採取以刻意遲延接續時程、拒絕揭露網路互連必要之介面資訊、訂定顯不合理之接續條件或費率等方式，間接拒絕其他電信事業網路互連之請求。

(三)拒絕提供關鍵設施

獨占地位事業掌握瓶頸設備或樞紐設施之獨占電信事業，為延伸其市場力量、阻礙或排除下游市場之競爭，直接或間接拒絕提供其競爭者營運必要之電信服務。

(四)市場封鎖行為

獨占事業倘為阻礙其他競爭事業參與競爭，而與其用戶締結不當長期服務契約、限制其用戶轉換交易對象，或對中止契約之用戶施以不合理之懲罰，由於該等契約條款，除有鎖定客戶之效果外，亦間接限制其他競爭

---

[13] 公平交易委員會2002年2月18日公貳字第0910001465號函。

事業之交易機會，並致市場封鎖[14]。

二、對商品價格或服務報酬為不當之決定

　　獨占事業對商品價格或服務報酬為不當之決定，維持或變更，應屬獨占力之濫用（公平交易法第9條第2款）。因獨占事業不反應成本而決定價格，以圖取暴利，此行為不僅為排除競爭最有效之工具，亦為攫取超額利潤最直接之方法。其常見者為掠奪性訂價，即事業犧牲短期利潤，訂定遠低於成本之價格，迫使其競爭者退出市場，或阻礙潛在競爭者參進市場，藉以獲取長期超額利潤之行為[15]。申言之，公平交易法雖不限制事業獨占地位之形成，惟在促進市場競爭之前提，不容許獨占事業以其優越地位，遂行扭曲市場競爭機制之手段，以獲致不當利潤。獨占事業之訂價，固依據成本、國際競爭環境、國內經濟環境、下游廠商共同分擔等因素，惟成本為主要之因素。是獨占事業對於商品或服務價格之決定、維持或變更，倘有巧立名目、不反應成本、暴利，或榨取他人努力成果，該攫取超額利潤之行為，涉有濫用市場地位[16]。

(一)採取不當差別取價

　　甲公司為國內液化石油氣供氣市場之獨占事業，自2010年7月起，無正當理由，對其南部經銷商採取不當差別取價，對商品價格為不當之決定，並於2010年10月11日與經銷商契約期滿後，無正當理由拒絕續約要求，自有違反公平交易法第9條第2款及第4款規定[17]。

(二)不當維持授權金之價格

　　事業制定橘皮書，設定CD-R標準規格，以共同授權方式，取得CD-R

---

[14] 公平交易委員會2002年3月14日公壹字第0910001896號函。
[15] 公平交易委員會2002年3月14日公壹字第0910001896號函。
[16] 公平交易委員會2002年8月27日公處字第091132號處分書。
[17] 最高行政法院95年度判字第1518號行政判決。

光碟片技術市場之獨占地位，在市場情事顯著變更情況，仍不予被授權人談判之機會，並繼續維持原授權金之計價方式，屬不當維持授權金之價格，違反公平交易法第9條第2款規定[18]。再者，授權條款固違反公平交易法第9條第2款之取締規定，然本款規定非屬我國強制規定，仍屬有效[19]。

三、無正當理由而使交易相對人給予特別優惠

所謂無正當理由，使交易相對人給予特別之優惠，係指買方獨占之情況而言，因獨占事業可利用其優越地位要求供給者給予特別優惠，此不僅可間接阻礙新的生產者參與競爭，亦可能妨害其他供給者間公平而合理之競爭。例如，獨占電信事業利用優勢之購買地位，迫使其交易對象接受不合理之價格或交易條件，或無正當理由，要求交易對象給予特別優惠[20]。

四、其他濫用市場地位之行為

所謂其他濫用市場地位之行為，係指公平交易法第9條第1款至第3款之概括性補充條款（公平交易法第9條第4款）。詳言之，事業利用其在特定商品或服務市場之獨占優勢，而為妨礙市場競爭或攫取不當利潤之行為時，倘不屬第9條前三款之不正行為者，得依具體個案，認定是否屬其他濫用市場地位之行為[21]。茲舉例說明如後：

(一)獨占電信事業

獨占電信事業強制其交易相對人，就兩項以上在經濟與技術條件，均

---

[18] 公平交易委員會2014年5月15日公處字第103060號處分書。

[19] 智慧財產及商業法院101年度民專上更（二）字第3號民事判決；最高法院103年度台上字第1957號民事判決。楊宏暉，智慧財產法院101年度民專上更（二）字第3號民事判決評釋，月旦法學雜誌，251期，2016年4月，頁207至210。

[20] 公平交易委員會2002年3月14日公壹字第0910001896號函。

[21] 汪渡村，公平交易法，五南圖書出版股份有限公司，2007年9月，3版1刷，頁46至47。

可獨立分離銷售之產品或服務一併交易，或以不當折扣方式迫使交易相對人締結整批交易契約，藉此將其市場力延伸至其他市場，剝奪交易相對人選擇空間者[22]。

(二)獨占油品供應事業

具有獨占地位之油品供應業者，濫用獨占地位，而為限制終止契約之行為、差別待遇行為、利誘行為、限制轉售價格行為、限制銷售地區及對象之行為、搭售行為或其他欺罔或顯失公平之行為者[23]。

貳、不正行為之法律效果

一、行政責任

公平交易委員會對於違反第9條規定之事業，得限期命其停止、改正其行為或採取必要更正措施，並得處新臺幣10萬元以上5,000萬元以下罰鍰；逾期仍不停止、改正其行為或未採取必要更正措施者，得繼續限期命其停止、改正其行為或採取必要更正措施，並按次連續處新臺幣20萬元以上1億元以下罰鍰，至停止、改正其行為或採取必要更正措施為止（公平交易法第40條第1項）。事業違反第9條，經公平交易委員會認定有情節重大者，得處該事業上一會計年度銷售金額10%以下之罰鍰（第2項）。事業上一會計年度銷售金額之計算、重大違法情節之認定、罰鍰計算之辦法，由公平交易委員會定之（第3項）。

二、刑事責任

違反第9條規定，經中央主管機關依第40條第1項規定，限期命其停止、改正其行為或採取必要更正措施，而逾期未停止、改正其行為或未採

---

[22] 公平交易委員會2002年3月14日公壹字第0910001896號函。
[23] 公平交易委員會2002年2月18日公貳字第0910001465號函。

取必要更正措施，或停止後再為相同或類似違反行為者，處行為人3年以下有期徒刑、拘役或科或併科新臺幣1億元以下罰金（公平交易法第34條第1項）。

參、例題解析——以不公平之方法阻礙他事業參與競爭

　　A網路公司為網路服務之獨占事業，其推出「網路服務優惠方案」，給予連線客戶電子資料交換服務變動費率6折之優惠，導致原本已與B網路公司之連線客戶，因此拒絕再與B網路公司連線。該網路服務優惠方案，限制用戶與競爭者交易，為以不公平之方法，直接或間接阻礙他事業參與競爭之行為，違反公平交易法第9條第1款規定之不正行為禁止[24]。

肆、相關實務見解——濫用市場地位之行為

　　所謂獨占事業濫用市場地位之行為，係指以維持或強化其獨占地位為目的之行為，即以獨占力量來防止、阻礙或封鎖競爭，而非從事競爭者。而獨占事業憑藉其獨占地位，在無正當商業理由之情形，榨取其交易相對人之行為，亦構成濫用市場地位之行為。換言之，除封鎖競爭之濫用外，憑藉著市場力量，使得當初其所賴以取得獨占地位之競爭機制無法運行，市場上優勝劣敗功能無法發揮，以便其將獨占地位永久化。再者，所謂榨取之濫用，係指以榨取、剝削其交易相對人為主要目標者，其屬濫用獨占力量之行為態樣。有關榨取之濫用行為類型，包含價格之濫用、交易條件之濫用、搭售或採取其他不公平競爭手段等。即除對於商品或服務價格，為不當決定、維持或變更價格濫用之爭執外，倘獨占事業利用其獨占優勢地位，要求其交易相對人接受許多苛刻、不公平之交易條件，其為賣方交

---

[24] 公平交易委員會2005年3月2日公處字第094017號處分書。

易條件之濫用，構成公平交易法第9條第4款規定，不得爲其他濫用市場地位之行爲[25]。

---

[25] 公平交易委員會2013年8月2日公處字第102118號處分書、第102119號處分書。

第三章

事業結合之規範

關鍵詞：創設合併、吸收合併、事前監督、營業收入、更正措施、市
　　　　場占有率、整體經濟利益

公平交易委員會對事業結合之管制，採事前申報異議制，事業提出申報後，原則上公平交易委員會未於一定期間內提出異議，該結合案件即可合法生效。而公平交易委員會審核之標準，須就結合案件對於整體經濟利益與限制競爭之不利益予以利益評量。準此，結合係直接從事市場競爭結構面之監控，其基礎來自結合有可能產生或加強市場控制地位，形成獨占而危及競爭狀況，故僅有結合有可能形成控制市場地位之情形，始有必要介入監督[1]（見表3-1）。

表3-1　結合之定義

結合之定義	法條
結合關係之認定	公平交易法第10條第1款至第5款、第2項
市場占有率之計算時點	公平交易法第11條第1項、公平交易法施行細則第4條[2]

第一節　事業結合之類型

事業依據生產、技術及行銷等關係，其結合關係可分水平結合、垂直結合及多角化結合等類型[3]。

例題8

公開發行公司股東藉由使用委託書方式，直接或間接控制公司之業務經營或人事任免之情事。試問是否應受公平交易法第11條之結合規範？理由為何？

---

[1] 廖義男，註釋公平交易法，智慧財產專業法官培訓課程，司法院司法人員研習所，2006年6月，頁377至378。結合係對數事業外部擴張行為之結構面監控。

[2] 黃茂榮，公平交易法理論與實務，植根法學叢書，1993年10月，頁138至139。

[3] 汪渡村，公平交易法，五南圖書出版股份有限公司，2007年9月，3版1刷，頁58。

壹、事業合併

　　所謂合併者，係指依據法律規定參與之公司全部消滅，由新成立之公司概括承受消滅公司之全部權利義務，此為創設合併；或參與之其中一公司存續，由存續公司概括承受消滅公司之全部權利義務，並以存續或新設公司之股份、或其他公司之股份、現金或其他財產作為對價之行為，此稱吸收合併（企業併購法第4條第1項第3款）。例如，母公司與子公司合併經營亦屬結合態樣（公平交易法第10條第1項第1款）。倘符合公平交易法第11條之事業結合許可申請要件者，應向公平交易委員會申請結合許可。再者，事業不論係投資於既存事業或新設事業，其對該事業市場所可能產生限制競爭之效果，並無不同。故公平交易法第10條第1項所稱之他事業，除以結合時既存之事業為規範對象外，亦應包括新設立之事業在內[4]。

貳、持有或取得他事業之股份或出資額達一定總額

一、表決權股份總數或資本總額達1/3以上

　　事業持有或取得他事業之股份或出資額，達到他事業有表決權股份總數或資本總額1/3以上者（公平交易法第10條第1項第2款）。計算第1項第2款之股份或出資額時，應將與該事業具有控制與從屬關係之事業所持有或取得他事業之股份或出資額一併計入（第2項）。持有或取得之型態，應包含形式及實質上之股權持有，始符合公平交易法對結合行為實質規範之本旨。例如，所謂信託者，係指委託人將財產權移轉或為其他處分，使受託人依信託本旨，為受益人之利益或為特定之目的，管理或處分財產之關係（信託法第1條）。信託法第22條、第24條及第31條規定，受託人應

---

[4]　公平交易委員會2002年8月20日公法字第0910008126號函。

盡注意、分割管理及報告之義務，故被處分人透過受託人持有A有線電視股份有限公司之股份，形式上雖爲該等受託人占有。惟依信託關係而言，該等受託人應依委託人即被處分人之利益或信託本旨而爲管理處分，被處分人亦不排除以委託人名義，指示受託人爲一定股東權利之行使，應認定被處分人爲信託持股之實質持股人[5]。

二、控制與從屬關係

　　本法第10條第2項與第11條第2項所稱控制與從屬關係，指有下列情形之一者：(一)事業持有他事業有表決權之股份或出資額，超過他事業已發行有表決權股份總數或資本總額半數；(二)事業直接或間接控制他事業之人事、財務或業務經營，而致一事業對另一事業有控制力；(三)二事業間，有本法第10條第1項第3款或第4款所定情形，而致一事業對另一事業有控制力；(四)本法第11條第3項之人或團體及其關係人持有他事業有表決權之股份或出資額，超過他事業已發行有表決權股份總數或資本總額半數（公平交易法施行細則第6條第1項）。再者，有下列情形之一者，推定爲有控制與從屬關係：(一)事業與他事業之執行業務股東或董事有半數以上相同；(二)事業與他事業之已發行有表決權股份總數或資本總額有半數以上爲相同之股東持有或出資（第2項）。

參、受讓或承租他事業全部或主要部分之營業或財產

一、受讓或承租之定義

　　所謂受讓者，係指當事人之一方，基於契約關係而取得他方所讓與之權利或標的物之所有權。稱租賃者，謂當事人約定，一方以物租與他方使用收益，他方支付租金之契約。前開租金，得以金錢或租賃物之孳息充之

---

[5] 公平交易委員會1999年12月10日公處字第161號處分書。

（民法第421條）。

二、主要部分之營業或財產

　　有關公平交易法第10條第1項第3款「主要部分之營業或財產」之認定，除應從財產之「量」占讓與事業總財產之比例，暨其「質」相較於讓與事業其他財產之重要性外，亦應衡酌參與結合事業之市場地位，是否因而改變。可參酌下列因素就具體個案綜合考量：(一)讓與部分之財產或營業占讓與事業之總財產價值之比例及其營業額比例；(二)讓與部分之財產或營業得與事業分離，而得被視為獨立存在之經營單位。例如，行銷據點、事業部門、商標、著作、專利或其他權利或利益；(三)從生產、行銷通路或其他市場情形，讓與部分之財產或營業具有相當之重要性；(四)受讓公司取得讓與部分之財產或營業，將構成受讓事業經濟力之擴張，而得增加其既有之市場地位[6]。

肆、經常共同經營或受他事業委託經營

　　所謂與他事業經常共同經營者，係指數事業間訂定損益全部共同承受契約，契約之相關主體均應服從統一指揮，以求經濟之一體化。所謂委託經營者，係將事業全部經營委由受託事業利用，受託事業以委託事業之名義經營，且營業上之損益均歸委託事業所有，故委託事業有指揮權，得監督受託事業之經營，並對其負有給付一定報酬之義務。例如，總公司將直營店或新分店委託他事業之加盟型態結合[7]。

---

[6]　公平交易委員會1999年12月3日公法字第03543號函。
[7]　汪渡村，公平交易法，五南圖書出版股份有限公司，2007年9月，3版1刷，頁63至64。

伍、控制他事業之業務經營或人事任免

直接或間接控制他事業之業務經營或人事任免者，為不屬公平交易法第6條第1項第1款至第4款事由之概括性規定（公平交易法第10條第1項第5款）。申言之：(一)關於控制他事業，在控制之內容有業務經營及人事任免，僅要控制其一，即具有控制關係；(二)關於業務經營，其控制主要表現在營業表徵之選擇，即採購與銷售之對象及交易條件之決定；(三)關於人事任免，其主要係指經理級以上管理人員之任免。滿足控制之要件，並非必須致全部控制之程度，僅要達一事業基本上受他事業之控制，從而達足以影響該事業之重要經營決策或經營成敗者。例如，基於聯盟關係，聯盟總部可拘束加盟主之採購對象、交易條件，或拘束其銷售對象或交易條件者，聯盟總部對於加盟主即有直接或間接經營之控制情形，構成結合關係[8]。

陸、例題解析——事業徵求委託書

事業因徵求委託書，而取得他事業之經營權，倘其取得他事業董監事席次過半數，對他事業之業務經營或人事任免有直接或間接之控制情事，或藉收購委託書達到他事業有表決權股份1/3者，雖符合公平交易法第10條第1項第2款、第5款所規範之結合態樣。惟「公開發行公司出席股東會使用委託書規則」對徵求人資格有明確規定，倘事業依「公開發行公司出席股東會使用委託書規則」辦理，自不構成公平交易法有關結合之適用，僅有違法徵求委託書之情形，始有公平交易法結合之適用[9]。

---

[8] 公平交易委員會1992年11月30日公壹字第04799號函。

[9] 公平交易委員會1996年10月8日公壹字第8503794-002號函。

柒、相關實務見解——事業結合

　　申報人甲公司擬取得乙公司100%股份，並取得其全數董監事席次，繼而得以控制台數公司之業務經營及人事任免，核屬公平交易法第10條第1項第2款、第5款規定之結合型態。而參與結合事業現階段於新北市有線廣播電視系統服務市場」之市場占有率均超過1/4，且結合後市場占有率亦達1/3以上，符合公平交易法第11條第1項第1款、第2款規定，應向公平交易委員會申報結合之門檻[10]。

第二節　事業結合之規範

　　公平交易法為防止事業結合可能造成弊害，明定事業結合時之市場占有率達一定比率或銷售金額逾一定數額，應向公平交易委員會申請許可，由公平交易委員會負事前審核之責，採事前監督原則。

例題9

　　關係企業之母公司與子公司均為經營食品商品與服務之事業，兩公司決定合併經營，以擴大商品或服務市場之占有率。試問是否應向公平交易委員會申請許可結合？理由為何？

例題10

　　A媒體科技股份有限公司與B有線電視公司為擴大市場占有率，兩公司逕行結合，其符合應申報而未申報之要件。試問其法律效果如何？理由為何？

---

[10] 公平交易委員會2014年9月17日公結字第103004號決定書。

壹、許可之申請

一、申請之要件

事業結合時，有下列情形之一者，應先向主管機關提出申報：(一)事業因結合而使其市場占有率達1/3者；(二)參與結合之一事業，其市場占有率達1/4者；(三)參與結合之事業，其上一會計年度之銷售金額，超過中央主管機關所公告之金額者（公平交易法第11條第1項）。第1項第3款之銷售金額，應將與參與結合之事業具有控制與從屬關係之事業，暨與參與結合之事業受同一事業或數事業控制之從屬關係事業之銷售金額，一併計入，其計算方法由主管機關公告之（第2項）。第1項第3款之銷售金額，得由主管機關擇定行業分別公告之（第6項）。

(一)銷售金額之範圍

本法第11條第1項第3款所稱銷售金額，指事業之營業收入總額（公平交易法施行細則第7條第1項）。前開營業收入總額之計算，得以主管機關調查所得資料或其他政府機關記載資料為基準（第2項）。

(二)計算市場占有率

計算事業之市場占有率時，應先審酌該事業及該特定市場之生產、銷售、存貨、輸入及輸出值、輸出量之資料（公平交易法施行細則第4條第1項）。計算市場占有率所需之資料，得以中央主管機關調查所得資料或其他政府機關記載資料為基準（第2項）。

二、控制性持股

對事業具有控制性持股之人或團體，視為本法有關結合規定之事業（公平交易法第11條第3項）。所稱控制性持股，指前項之人或團體及其關係人持有他事業有表決權之股份或出資額，超過他事業已發行有表決權之股份總數或資本總額半數者（第4項）。前項所稱關係人，其範圍如

下：(一)同一自然人與其配偶及二親等以內血親；(二)前款之人持有已發行有表決權股份總數或資本總額超過半數之事業；(三)第1款之人擔任董事長、總經理或過半數董事之事業；(四)同一團體與其代表人、管理人或其他有代表權之人及其配偶與二親等以內血親；(五)同一團體及前款之自然人持有已發行有表決權股份總數或資本總額超過半數之事業（第5項）。

三、申報程序

(一)申報事業

本法第11條第1項之事業結合，由下列之事業向主管機關提出申報：1.與他事業合併、受讓或承租他事業之營業或財產、經常共同經營或受他事業委託經營者，爲參與結合之事業；2.持有或取得他事業之股份或出資額者，爲持有或取得之事業。但持有或取得事業間具有控制與從屬關係者，或受同一事業或數事業控制者，爲最終控制之事業；3.直接或間接控制他事業之業務經營或人事任免者，爲控制事業（公平交易法施行細則第11條第1項）。應申報事業尚未設立者，由參與結合之既存事業提出申報（第2項）。金融控股公司或其依金融控股公司法具控制性持股之子公司參與結合時，由金融控股公司提出申報（第3項）。

(二)禁止結合期間

事業自中央主管機關受理其提出完整申報資料之日起30日內，不得爲結合。例外情形，係中央主管機關認爲必要時，得將該期間縮短或延長，並以書面通知申報事業（公平交易法第11條第7項）。本法第11條第7項所定受理其提出完整申報資料之日，係指主管機關受理事業提出之申報資料符合第9條規定，且記載完備之收文日（公平交易法施行細則第11條）。中央主管機關依第7項但書延長之期間，不得逾60日；對於延長期

間之申報案件，應依第13條規定之許可限制，作成決定（公平交易法第11條第8項）。中央主管機關屆期未為第7項但書之延長通知，或為第8項之決定者，事業得逕行結合。例外情形，有下列情形之一者，不得逕行結合：1.經申報之事業同意再延長期間者；2.事業之申報事項有虛偽不實者（第9項）。

(三)申報書之內容

事業結合應備下列文件，向主管機關提出申報書，載明下列事項：1.結合型態及內容；2.參與事業之姓名、住居所或公司、行號或團體之名稱、事務所或營業所；3.預定結合日期；4.設有代理人者，其代理人之姓名及其證明文件；5.其他必要事項（公平交易法施行細則第9條第1項第1款）。第1項申報書格式，由中央主管機關定之（第2項）。

(四)參與事業之基本資料

申報書有關參與事業之資料如後：1.事業設有代表人或管理人者，其代表人或管理人之姓名及住居所；2.參與事業之資本額及營業項目；3.參與事業、與參與事業具有控制與從屬關係之事業，暨與參與事業受同一事業或數事業控制之從屬關係事業，其上一會計年度之營業額。參與事業及其具有控制與從屬關係之事業上一會計年度之營業額；4.每一參與事業之員工人數；5.參與事業設立證明文件（公平交易法施行細則第9條第1項第2款）；6.參與事業上一會計年度之財務報表及營業報告書（第3款）；7.參與事業就該結合相關商品或服務之生產或經營成本、銷售價格及產銷值（量）等資料（第4款）；8.實施結合對整體經濟利益及限制競爭不利益之說明（第5款）；9.參與事業未來主要營運計畫（第6款）；10.參與事業轉投資之概況（第7款）；11.本法第11條第3項之人或團體，持有他事業有表決權股份或出資額之概況（第8款）；12.參與事業之股票在證券交易所上市，或於證券商營業處所買賣者，其最近1期之公開說明書或年

報（第9款）；13.參與事業之水平競爭或其上下游事業之市場結構資料（第10款）；14.主管機關為完整評估結合對競爭影響所指定之其他文件（第11款）。第1項申報書格式，由中央主管機關定之（第2項）。事業結合申報，有正當理由無法提出第1項應備文件或資料者，應於申報書內表明與釋明（第3項）。

(五)通知補正

事業結合依本法第11條第1項提出申報時，所提資料不符第9條規定或記載不完備者，中央主管機關得敘明理由，限期通知補正；屆期不補正或補正後所提資料仍不齊備者，不受理其申報（公平交易法施行細則第10條）。

三、不適用許可申請

第11條第1項之許可申請規定，其於下列情形不適用之：(一)參與結合之一事業或其100%持有之子公司，已持有他事業達50%以上之有表決權股份或出資額，再與該他事業結合者；(二)同一事業所持有有表決權股份或出資額達50%以上之事業間結合者；(三)事業將其全部或主要部分之營業、財產或可獨立營運之全部或一部營業，讓與其獨自新設之他事業者；(四)事業依公司法第167條第1項但書或證券交易法第28條之2規定，收回股東所持有之股份，致其原有股東符合第10條第1項第2款之情形者；(五)單一事業轉投資成立並持有100%股份或出資額之子公司者；(六)其他經主管機關公告之類型（公平交易法第12條）。

貳、審查結合申請許可之因素

一、整體經濟利益

(一)利益衡量

對於事業結合之申報，倘其結合，對整體經濟利益大於限制競爭之

不利益者,主管機關不得禁止其結合許可之限制（公平交易法第13條第1項）。例如,華南金融控股股份有限公司擬取得華南產物保險股份有限公司100%股份,依據公平交易法規定向公平交易委員會提出結合申報案,該委員會認為本結合案之整體經濟利益大於限制競爭之不利益,依公平交易法第13條規定,決議不禁止其結合[11]。

(二)附加條件或負擔

中央主管機關對於第11條第8項申報案件所為之決定,得附加條件或負擔,以確保整體經濟利益大於限制競爭之不利益（公平交易法第13條第2項）。例如,A超商股份有限公司擬與日本B株式會社合資,設立臺灣C市場股份有限公司經營網路購物平臺,係公平交易法第10條第1項第2款之事業結合,為確保整體經濟利益大於限制競爭之不利益,依公平交易法第13條第2項規定,附加負擔不予禁止。準此,A超商股份有限公司不得無正當理由,就所提供之取貨付款服務,拒絕供應或差別供應予參與結合事業以外之其他競爭者[12]。

(三)審酌事項

整體經濟利益得考量因素如後:1.消費者利益;2.結合事業原處於交易弱勢之一方;3.結合事業之一屬於垂危事業。垂危事業應具備之要件有:(1)垂危事業短期內無法償還其債務;(2)除透過結合,垂危事業無法以其他更不具限制競爭效果方式存在市場;(3)倘無法與他事業結合,該垂危事業必然會退出市場;(4)其他有關整體經濟利益之具體成效[13]。

---

[11] 公平交易委員會2003年5月15日第601次委員會議紀錄;最高行政法院100年度判字第1696號行政判決。

[12] 公平交易委員會2008年2月18日公結字第097001號決定書。

[13] 公平交易委員會對於結合申報案件之處理原則第13點。

二、限制競爭之不利益

限制競爭之不利益得考量因素如後：(一)結合可能達獨占事業之規模；(二)市場進入障礙程度之增加；(三)市場競爭數目較少，可能因結合而致市場競爭性更為降低；(四)結合事業之產品特性，倘屬同性質較高者，其較容易限制市場競爭[14]。

三、水平結合

(一)評估結合之限制競爭效果

所謂水平結合者，係指事業生產相同產品或替代性高之產品，渠等間結合之行為。例如，同一區域市場內，二家從事生產製造汽車之公司相結合。水平結合申報案件得考量下列因素，以評估結合之限制競爭效果：1.事業結合後，參與結合事業得以不受市場競爭之拘束，提高商品價格或服務報酬之能力。此單方效果之情形，可依結合事業市場占有率、商品或服務同質性、產能及進口競爭等因素進行評估；2.事業結合後，結合事業與其競爭者相互約束事業活動，或雖未相互約束，然採取一致性之行為，使市場實際上不存在競爭之情形。此共同效果之情形，得就市場狀態是否有利於事業為聯合行為、監控違反行為之難易程度及懲罰之有效性等方面，進行評估；3.就參進程度而言，其包含潛在競爭者參進之可能性與及時性，是否能對於市場內既有業者形成競爭壓力；4.就抗衡力量以觀，交易相對人或潛在交易相對人箝制結合事業，提高商品價格或服務報酬之能力；5.其他影響限制競爭效果之因素。

(二)衡量整體經濟利益因素

公平交易委員會倘認為有顯著限制競爭疑慮，應進而衡量整體經濟利

---

[14] 賴源河，公平交易法新論，元照出版有限公司，2005年3月，3版1刷，頁223。

益之因素如後：1.結合事業市場占有率總和達1/2；2.特定市場前二大事業之市場占有率達到2/3；3.特定市場前三大事業之市場占有率達到3/4。前開第2款或第3款之情形，參與結合事業之市場占有率總和應達15%[15]。

四、垂直結合

所謂垂直結合者，係指上下游之事業互相結合。例如，汽車製造廠商與汽車經銷商結合。垂直結合申報案件得考量下列因素，以評估該結合之限制競爭效果：(一)結合後其他競爭者選擇交易相對人之可能性；(二)非參與結合事業進入特定市場之困難度；(三)結合事業於特定市場濫用市場力量之可能性；(四)其他可能造成市場封鎖效果之因素[16]。

五、多角化結合

所謂多角化結合或複合式結合，係指生產不同產品之事業互相結合[17]。例如，食品製造商與家俱製造商結合。多角化結合申報案件得考量下列因素，以評估結合之限制競爭效果：(一)法令管制解除對結合事業跨業經營之影響；(二)技術進步使結合事業跨業經營之可能性；(三)結合事業原有結合以外跨業發展計畫；(四)其他可能造成市場封鎖效果之因素[18]。

參、未申請或許可之處分

事業違反第11條第1項、第7項規定而為結合，或申報後經主管機關

---

[15] 公平交易委員會對於結合申報案件之處理原則第9點、第10點。
[16] 公平交易委員會對於結合申報案件之處理原則第11點。
[17] 何之邁，公平交易法專論（三），瑞興圖書股份有限公司，2006年7月，頁72。
[18] 汪渡村，公平交易法，五南圖書出版股份有限公司，2007年9月，3版1刷，頁78。

禁止其結合而爲結合，或未履行第13條第2項對於結合所附加之負擔者，主管機關得禁止其結合、限期令其分設事業、處分全部或部分股份、轉讓部分營業、免除擔任職務或爲其他必要之處分，並得處新臺幣20萬元以上5,000萬元以下罰鍰（公平交易法第39條第1項）。事業對結合申報事項有虛僞不實而爲結合之情形者，主管機關得禁止其結合、限期令其分設事業、處分全部或部分股份、轉讓部分營業、免除擔任職務或爲其他必要之處分，並得處新臺幣10萬元以上100萬元以下罰鍰（第2項）。事業違反主管機關依前2項所爲之處分者，主管機關得命令解散、勒令歇業或停止營業（第3項）。前項所處停止營業之期間，每次以6個月爲限（第4項）。再者，違反公平交易法第11條之強制規定，參諸公平交易法爲維護交易秩序與消費者利益，確保自由與公平競爭，促進經濟之安定與繁榮之立法宗旨（公平交易法第1條）。故參與結合事業所締結之契約，依民法第71條之違反強行法效力或第72條之違反公序良俗效力，應屬無效。例如，事業結合之合夥契約，除違反公平交易法第11條之強制規定外，亦悖於公共秩序，依民法第71條、第72條規定，應屬無效，故以該合夥契約當事人違約時，應支付違約金之契約或從契約，則不能認爲有效[19]。

肆、例題解析

一、申請結合許可

　　母公司與子公司合併經營，其屬於公平交易法第10條第1項第1款之結合態樣，倘公司之上一會計年度之銷售金額，已達公平交易委員會公告事業結合應申請許可之標準，符合公平交易法第11條第1項第3款規定，應依規定向公平交易委員會申請結合許可[20]。

---

[19] 臺灣高等法院臺南分院84年度上字第579號民事判決。
[20] 公平交易委員會1992年7月3日公研釋字第21號函。

二、違反結合管制規範

事業違反第11條第1項、第7項規定而爲結合，或申報後經主管機關禁止其結合而爲結合，主管機關得禁止其結合、限期令其分設事業、處分全部或部分股份、轉讓部分營業、免除擔任職務或爲其他必要之處分，並得處新臺幣20萬元以上5,000萬元以下罰鍰（公平交易法第39條第1項）。事業違反主管機關依前開所爲之處分者，主管機關得命令解散、勒令歇業或停止營業（第3項）。所處停止營業之期間，每次以6個月爲限（第4項）。

伍、相關實務見解──市場占有率

主管機關在計算公平交易法規範之結合申報案件事業「市場占有率」時，應先審酌事業及相關市場之生產、銷售、存貨、輸入及輸出值之資料。市場占有率，原則上以綜合產品市場及地理市場，所界定相關市場範圍內之銷售值作爲基礎。

一、相關市場

所謂相關市場，係指事業就一定之商品或服務，從事競爭之區域或範圍。而產品市場，係指在功能、特性、用途或價格條件，具有高度需求或供給替代性之商品或服務所構成之範圍。

二、地理市場

所謂地理市場，係指就參與結合事業提供之某特定商品或服務，交易相對人可容易選擇或轉換其他交易對象之區域範圍。申言之：(一)所謂需求替代性，係指當特定商品或服務之供給者變動特定商品價格或服務報酬時，其交易相對人能夠轉換交易對象，或以其他商品或服務取代前述商品

或服務之能力；(二)所謂供給替代性，係指當特定商品或服務之供給者，變動特定商品價格或服務報酬時，其他競爭者或潛在競爭者能夠提供替代性之商品或服務之能力。

三、整體經濟利益與限制競爭之不利益

　　主管機關對於相關市場界定之正確與否，影響以相關特定市場界定為前提之水平結合案件，憑為考量因素之單方效果、共同效果、參進程度、抗衡力量等限制競爭效果之判斷。所謂水平結合，係指參與結合之事業具有水平競爭關係者而言。準此，界定相關市場，會影響主管機關評估申報結合案件之整體經濟利益，是否大於限制競爭之不利益，而為應否禁止其結合之認定[21]。

---

[21] 最高行政法院102年度判字第758號行政判決。

第四章

聯合行為

關鍵詞：成本、效率、水平聯合、意思聯絡、寡占市場、整體經濟、
　　　　公共利益、一致性行為

　　因聯合行為具有秘密性與不法性（per se illegal），故原則上禁止聯合行為，例外保留許可。例外情形，係有益於整體利益與公共利益，經公平交易委員會許可者得為聯合行為（見表4-1）。

表4-1　聯合行為與非聯合行為之比較

事業之一致行為	聯合行為	非聯合行為
聯合行為要件	1.有合意之事實 2.有約束事業活動之行為	無合意之事實或未約束事業活動之行為
聯合行為之態樣	水平聯合	垂直聯合
聯合行為之排除	足以影響市場功能	不足以影響市場功能
聯合行為之例外	不利於整體經濟與公共利益者，為違法之聯合行為	有益於整體經濟與公共利益，為合法之聯合行為[1]

第一節　聯合行為之要件

　　聯合行為在學理上可分水平聯合與垂直聯合兩種類型，公平交易法第19條之轉售價格維持契約之禁止，除就垂直聯合為規範外，公平交易法第14條之聯合行為，僅規定水平聯合。

例題11

　　中國石油股份有限公司與台塑石油股份有限公司為國內加油站之廠商，其等之調價行為模式，常經由提前宣布價格調漲訊息、新聞發布等行為，就產品價格調整與調幅形成同步或同幅之調價行為，其足以影響國內油品市場之價格及供需機能。試問該等行為是否為公平交易法所禁止？理由為何？

---

[1] 莊春發，論足以影響市場功能的聯合行為，公平交易法施行九周年學術研討會論文集，元照出版有限公司，2001年8月，頁264。

例題12

> 　　建築師公會或律師公會藉由會員大會決議，統一訂定建築師或律師酬金標準表，並於公會章程限制會員不以減低酬金爭取業務。試問有無違反公平交易法之規範？理由為何？

壹、聯合行爲之定義

　　所謂聯合行爲者（concerted action），係指事業以契約、協議或其他方式之合意，與有競爭關係之他事業共同決定商品或服務之價格，或限制數量、技術、產品、設備、交易對象、交易地區等，相互約束事業活動之行爲而言。聯合行爲以事業在同一產銷階段之水平聯合，足以影響生產、商品交易或服務供需之市場功能者爲限（公平交易法第14條第1項）。例如，公平交易委員會調查全國各地桶裝瓦斯零售價格調整情形，甲縣地區調查結果，顯示甲縣桶裝瓦斯零售價格調漲日期均爲同日，20公斤裝家用桶裝瓦斯調漲後價格受訪業者均填報同價格，因桶裝瓦斯各分銷商之購氣、經營等成本不同，依市場機能運作，不同成本之業者於同一時間，以相同幅度開始調漲價格，顯非自由競爭市場下各事業獨立決定事業行爲之結果，足認甲縣桶裝瓦斯公會係以合意方式，共同決定甲縣桶裝瓦斯價格，並已影響市場供需功能。所謂其他方式之合意，指契約、協議以外之意思聯絡，不問有無法律拘束力，事實上可導致共同行爲者（第2項）[2]。同業公會藉章程或會員大會、理、監事會議決議或其他方法所爲約束事業活動之行爲，亦爲水平聯合（第4項）。

---

[2] 有線播送系統公司經由訊息之交換與意思聯絡，致達成調漲收視費之合意，客觀上有線電視節目收視費有一致性調漲，其行爲構成公平交易法第14條之聯合行爲，違反公平交易法第15條第1項本文規定。

貳、聯合行為之合意

一、合意方式

　　聯合行為之合意之方式，包含指契約、協議及其他方式之合意。所謂其他方式之合意，係指契約、協議以外之意思聯絡，事實上可導致共同行為者，並不問有無法律拘束力或強制力（公平交易法第14條第2項）。聯合行為之合意，得依市場狀況、商品或服務特性、成本及利潤考量、事業行為之經濟合理性等相當因素推定之（第3項）。例如，因意思聯絡而事實上足以導致一致性行為或暗默勾結行為之「其他方式之合意」，亦屬公平交易法之聯合行為規範範圍。倘經調查確實有意思聯絡之事實，或其他間接證據，諸如誘因、經濟利益、類似之漲價時間或數量、持續時間等。足以判斷事業間已有意思聯絡，且為其外部行為一致性之合理解釋，即可認定事業間有聯合行為[3]。事實上可導致共同行為之意思聯絡存在者時，不論嗣後是否有依協議執行，均不影響其違法行為之成立[4]。

二、其他方式之合意

　　事業在明知與有意識採行某一具有共同目的之市場行為，並可期待他事業亦會依照事業相互發展之行為方式，所建立彼此間之信賴協調關係，進行意思聯絡，不問有無法律拘束力，即屬其他方式之合意，其為聯合行為中默示性行為之類型。茲舉例說明如後：

(一)油品供應市場

　　國內油品供應市場屬寡占市場結構，二大油品供應商同為國內汽、柴油批售市場之，顯有水平競爭關係與極高之相互依賴程度，倘其調整油價行為具有聯合行為之合意，妨礙競爭市場下自由、公平之競爭原則，則涉

---

[3] 公平交易委員會2006年5月19日公處字第095052號處分書。
[4] 最高行政法院86年度判字第219號、101年度判字第818號行政判決。

有違反公平交易法第15條第1項本文規定。

(二)金融機構事業

　　金融機構事業團體藉章程或會員大會、理、監事會議決議或其他方法所爲約束事業活動之行爲。例如，如共同決定利率[5]、保險費率、手續費率等價格，或限制上揭價格之調整，相互約束事業活動，且該等行爲足以影響服務供需之市場功能。倘非符合公平交易法第15條之例外規定，且經公平交易委員會許可，此爲公平交易法第14條第1項之水平聯合，將有違反公平交易法規定之虞[6]。

三、一致性行爲與平行行爲之差異

　　寡占市場之事業因相互牽制關係，致在價格調整上具有僵固性，而事業基於自身判斷所爲之單純平行行爲，由於非屬意思聯絡所合致，雖難謂構成聯合行爲，惟事業倘藉由價格宣示或發布新聞資訊等方式，公開爲意思聯絡，並影響寡占市場中相關業者之訂價行爲，則非單純之平行行爲，實爲意思聯絡之事實。故事業間在主觀上有意識採行特定行爲，並可期待他事業亦採行相同之共識行爲，且在客觀上已導致外觀之一致性者，屬聯合行爲之態樣，應予以禁止。區隔事業單純之平行行爲與違法之一致性行爲，得依事業間有相同或類似之外在行爲，且事業間曾有意思聯絡爲論斷基礎[7]。倘有競爭關係之事業，並非基於個別成本、利潤或其他相關因素之獨立考慮，且能提出調漲費用之合理精算依據，適有一致性之調漲費用之行爲，即可認定有共同行爲之合意存在[8]。反之，事業並無聯合行爲之

---

[5]　王文宇，從金融市場之演變論公平交易法之規範，新世紀經濟法制之建構與挑戰—廖義男教授六秩誕辰祝壽論文集，元照出版有限公司，2002年9月，頁982。

[6]　公平交易法對金融業經營行爲之規範說明第3點。

[7]　公平交易委員會2004年10月21日公處字第093102號處分書。

[8]　最高行政法院93年度判字第415號、95年度判字第1636號行政判決。

合意存在，僅係單純為自身利益而因應競爭者所為者，此稱有意識之平行行為或價格相隨行為，縱使外觀趨於一致，仍屬正當之競爭行為，並非聯合行為[9]。

四、合意內容

聯合行為之合意內容，係對商品或服務之價格、數量、技術、產品、設備、交易對象、交易地區等，相互約束事業活動而言（公平交易法第14條第1項）。因對商品或服務之價格、數量、技術、產品、設備、交易對象、交易地區等事項予以約定，均屬拘束事業之業務經營自由，並阻礙事業以良性競爭手段爭取顧客之機會，甚至剝奪相關消費者以較有利之條件，選擇交易對象內容之機會[10]。

五、成立時點

聯合行為係以事業在同一產銷階段之水平聯合，足以影響生產、商品交易或服務供需之市場功能者，始為公平交易法應加以規範之對象（公平交易法第14條第1項）。準此，聯合行為之成立時點，以合意時為判斷標準，倘事業間合意時已足以影響市場功能，即可成立聯合行為，採抽象危險理論為斷，不以聯合行為是否已實際造成影響市場功能之具體效果，作為規範之門檻[11]。

參、相關市場範圍

界定相關市場範圍時，應同時考量該特定產品或服務之需求替代性及供給替代性。申言之：(一)所謂需求替代性，係指假使特定產品或服務之

---

[9] 何之邁，公平交易法專論（三），瑞興圖書股份有限公司，2006年7月，頁2。
[10] 汪渡村，公平交易法，五南圖書出版股份有限公司，2007年9月，3版1刷，頁97。
[11] 汪渡村，公平交易法，五南圖書出版股份有限公司，2007年9月，3版1刷，頁103。

供給者，將其產品價格或服務報酬提高時，其顧客能夠轉換交易對象或以其他產品或服務，取代前揭產品或服務之能力；(二)所謂供給替代性，係指特定產品或服務的供給者將其產品價格或服務報酬提高時，其他競爭者或潛在競爭者能夠立即供應具替代性產品或服務之能力[12]。準此，公平交易委員會認定特定之聯合行為，是否足以影響生產、商品交易或服務供需之市場功能，應就該聯合行為所發生之相關產品市場與地理市場為依據，而進行分析。例如，甲市之預拌混凝土業者於2023年1月至10月間，以定期聯誼方式，對混凝土價格形成合意，並約定混凝土相互調料價格，藉以提高混凝土成本，並有介入協調互搶客戶糾紛之其他限制競爭行為，以達限制競爭之目的。因甲市之預拌混凝土業者處於水平市場之地位，具有實質上競爭關係，並為同一地理市場，該等業者合意調高混凝土售價之行為，足以影響甲市地區預拌混凝土市場之供需及競爭機能，故違反公平交易法第15條第1項本文規定。

肆、例題解析

一、聯合行為之默示性行為

(一)賽局理論與卡特爾組織

中國石油股份有限公司與台塑石油股份有限公司間，為提高國內市場占有率而展開油價之持續競爭，兩家公司之決策，會彼此受影響，競爭者會猜測對手之行為，作為判斷決策之依據，此商場上之競爭模式，經濟學稱為「賽局理論」。準此，寡占廠商為避免互相競爭造成兩敗俱傷之局面，陷入以牙還牙之訂價策略，其等會採取聯合定價（price fixing）方式。換言之，當市場某廠商宣布調高價格，其他競爭者隨即漲調，其消極功能係得避免惡性競爭，並得達壟斷市場之積極目的，此稱卡特爾組織。

---

[12] 公平交易委員會2004年4月8日公處字第093041號處分書。

參諸中油與台塑公司之調價行為模式，均會經由提前宣布價格調漲訊息、新聞發布等促進行為（advance notice of price change）[13]。就產品價格調整與調幅形成同步或同幅之調價行為，足以影響國內油品市場之價格及供需機能，該等行為屬於公平交易法第7條所規範之聯合行為，係公平交易法第15條第1項本文所禁止者[14]。

(二)促進行為

因其油價之一致性結果或行為（concerted practice），並非源自競爭，係透過促進行為所致，構成以其他方式之合意，其等意思聯絡，在客觀上未必先存有預定之計畫方案，為聯合行為中默示性行為之類型。至於保證最低價格（price matching guarantee），其涉及廠商與經銷商間產品提供契約條件，因其等為上下游關係，並非同一產銷階段，其通常不具有競爭關係，基於契約之安定性，故該協議並非公平交易法所稱之聯合行為[15]。

二、訂定酬金標準表

建築師公會或律師公會藉由會員大會決議，統一訂定建築師或律師酬金標準表，並於公會章程限制會員不以減低酬金爭取業務，為足以影響建築師服務供需市場功能之聯合行為，違反公平交易法第15條第1項本文之事業不得為聯合行為規定[16]。職是，專門職業公會均不得由會員大會決議統一訂定酬金標準表，並於公會章程限制會員不以減低酬金爭取業務。

---

[13] 促進行為者，係指廠商間為確保彼此不會背離聯合水準價格而採行之策略行為。

[14] 最高行政法院98年度判字第92號、100年度判字第611號、102年度判字第67號行政判決。

[15] 廖賢洲、楊佳慧，競爭法對寡占廠商促進行為之規範—由Ethyl、ATP及國內兩大供油商聯合案探討，月旦法學雜誌，126期，2005年11月，頁104至105。

[16] 公平交易委員會2003年1月16日公處字第092007號、第092008號、第092009號處分書。

伍、相關實務見解——主管機關之核定管制

　　保險業者就費率規章、共保聯營、強制汽車責任保險保險費及保險商品最低保費約定等，係由財政部依保險法規定予以核定管制，非逕由保險業公會訂定各項商品及價格而供產險業者為價格聯合行為；共保之各項保險費、保險單條款及相關條件，均受保險法之約束與主管機關財政部之監督。準此，保險爭業者就聯合訂定貨物水險最低保費之情事，倘查無積極事證足證，無法認定爭業者有構成公平交易法所禁止之聯合行為[17]。

第二節　聯合行為之規範

　　事業間之聯合行為，倘有益於整體經濟與公共利益，並經申請主管機關許可者，則非公平交易法所禁止之違法行為。主管機關對於第15條至第17條之許可、條件、負擔、期限及有關處分，應主動公開，以昭信實（公平交易法第18條）。

例題13

　　A、B、C等筆記型電腦製造公司，擬以開發規格方式，重新劃分及定義筆記型電腦之組成部分，即共同開發筆記型電腦基座之規格，包含基座本身各零組件間之共同機械、電子與軟體介面及基座本身零組件與筆記型電腦其他部分之介面。試問A、B、C公司申請聯合行為許可者，公平交易委員會應如何處理？

---

[17] 最高行政法院95年度判字第811號行政判決。

例題14

　　數家食品公司申請聯合進口玉米，主張聯合採購合船裝運可降低進口成本，減少倉儲損耗與資金積壓及利息負擔，降低採購風險，倘有貿易糾紛者，亦可增加交涉能力，有益於整體經濟與公共利益。試問公平交易委員會應如何處理？依據為何？

壹、例外許可聯合要件

　　事業間之聯合行為，造成限制競爭，妨害市場及價格等情事，並影響相關消費者之利益，固應加以禁止。惟聯合行為之態樣甚多，效用亦不一，倘有益於整體經濟與公共利益時，自不宜完全否定其正面之功能。故經公平交易委員會許可之聯合行為，不在禁止之列。茲說明例外許可要件如後：

一、有益於整體經濟與公共利益

　　事業依公平交易法第15條第1項但書規定申請聯合行為許可，應提出聯合行為評估報告書（公平交易法施行細則第13條第1項第8款）。聯合行為評估報告書，應載明如後事項：(一)參與事業實施聯合行為前後成本結構及變動分析預估；(二)聯合行為對未參與事業之影響；(三)聯合行為對該市場結構、供需及價格之影響；(四)聯合行為對上、下游事業及其市場之影響；(五)聯合行為對整體經濟與公共利益之具體效益與不利影響；(六)其他必要事項（公平交易法施行細則第14條）。職是，聯合行為實施後，對於整體經濟與公共利益之正面貢獻大於負面影響，始有例外許可聯合之要件。

二、行為符合法定類型

申請例外許可之聯合行為類型如後：(一)為降低成本、改良品質或增進效率，而統一商品規格或型式者（公平交易法第15條第1項第1款）；(二)為提高技術、改良品質、降低成本或增進效率，而共同研究開發商品或市場者（第2款）；(三)為促進事業合理經營，而分別作專業發展者（第3款）；(四)為確保或促進輸出，而專就國外市場之競爭予以約定者（第4款）；(五)為加強貿易效能，而就國外商品之輸入採取共同行為者（第5款）；(六)經濟不景氣期間，商品市場價格低於平均生產成本，致該行業之事業，難以繼續維持或生產過剩，為有計畫適應需求而限制產銷數量、設備或價格之共同行為者（第6款）；(七)為增進中小企業之經營效率，或加強其競爭能力所為之共同行為者（第7款）；(八)其他為促進產業發展、技術創新或經營效率所必要之共同行為（第8款）。

三、經公平交易委員會許可

(一)核駁決定期間

公平交易委員會收受前項之申請，應於3個月內為核駁之決定；必要時得延長1次（公平交易法第15條第2項）。公平交易委員為第15條之許可時，得附加條件或負擔（公平交易法第16條第1項）。許可應附期限，其期限不得逾5年；倘事業有正當理由，得於期限屆滿前3個月至6個月期間內，以書面向中央主管機關申請延展，其延展期限，每次不得逾5年（第2項）。例如，麵粉業者申請延展許可聯合採購合船裝運小麥期限，可降低進口成本，減少倉容不足，避免內陸運輸調度失常，減少資金積壓及利息負擔，降低採購風險，並可配合國內農糧與經貿政策，有益於整體經濟與公共利益，符合公平交易法第16條第2項規定，申請延展之正當理由，應予許可。而為避免因聯合行為延展期限之許可，致生申請人內部

間及對外交易上之弊端，且爲利於公平交易委員會監督，爰附負擔之許可[18]。

(二)許可之撤銷或變更

聯合行爲經許可後，倘因許可事由消滅、經濟情況變更或事業逾越許可之範圍行爲者，公平交易委員會得廢止許可、變更許可內容、命令停止、改正其行爲或採取必要更正措施（公平交易法第17條）。中央主管機關對於第15條至第17條之許可、條件、負擔、期限及有關處分，應主動公開（公平交易法第18條）[19]。

貳、例外許可之聯合類型

一、規格化聯合

事業爲降低成本、改良品質或增進效率，而統一商品規格或型式者，得申請公平交易委員會許可規格化聯合或標準化聯合（公平交易法第15條第1項第1款）。依公平交易法第15條第1項第1款規定申請許可者，其聯合行爲評估報告書，應詳載其實施聯合行爲達成降低成本、改良品質、增進效率、促進合理經營、產業發展或技術創新之具體預期效果（公平交易法施行細則第15條）。例如，統一信用卡規格及服務標章有利於各特約商店，得以同一端末機設備辨識信用卡，進而可分辨眞卡、僞卡，並使各發卡事業因規格統一，而不須於製卡作業上重覆投資，降低業務成本。準此，金融機構事業申請「共同採用單一規格之聯合信用卡及服務標章」聯合行爲，符合降低成本、改良品質或增進效率，而統一商品規格或型式（公平交易法第15條第1項第1款）[20]。

---

[18] 公平交易委員會2006年9月7日公聯字第095005號許可決定書。
[19] 公平交易委員會2015年10月14日公處字第104100號處分書。
[20] 公平交易委員會2006年12月29日公聯字第095009號許可決定書。

二、研究發展聯合

　　事業為提高技術、改良品質、降低成本或增進效率，而共同研究開發商品或市場者，得申請公平交易委員會許可研究發展聯合或合理化聯合（公平交易法第15條第1項第2款）。依公平交易法第15條第1項第2款規定申請許可者，其聯合行為評估報告書，應詳載下列事項：(一)個別研究開發及共同研究開發所需經費之差異；(二)提高技術、改良品質、降低成本或增進效率之具體預期效果（公平交易法施行細則第16條）。

三、專業化聯合

　　事業為促進事業合理經營，而分別作專業發展者，得申請公平交易委員會許可專業化聯合（公平交易法第15條第1項第3款）。依公平交易法第15條第1項第3款規定申請許可者，其聯合行為評估報告書應詳載其實施聯合行為達成降低成本、改良品質、增進效率、促進合理經營、產業發展或技術創新之具體預期效果（公平交易法施行細則第16條）。

四、輸出聯合

　　事業為確保或促進輸出，而專就國外市場之競爭予以約定者，得申請公平交易委員會許可輸出聯合或促進輸出聯合（公平交易法第15條第1項第4款）。依本法第15條第1項第4款規定申請許可者，其聯合行為評估報告書，應詳載下列事項：(一)參與事業最近3年之輸出量或輸出量與其占該商品總輸出量或輸出量及內外銷之比例；(二)促進輸出之具體預期效果（公平交易法施行細則第17條）。

五、輸入聯合

　　事業為加強貿易效能，而就國外商品之輸入採取共同行為者，得申請

公平交易委員會許可輸入聯合或加強貿易效能輸入之聯合（公平交易法第15條第1項第5款）。例如，電視事業申請聯合購買奧運轉播權、租用衛星線路、抽籤決定個別轉播項目及租用有線電視頻道轉播，該聯合行為有益於整體經濟與公共利益，符合為加強貿易效能，而就國外商品之輸入採取共同行為[21]。依公平交易法第15條第1項第5款規定申請許可者，其聯合行為評估報告書，應詳載下列事項：(一)參與事業最近3年之輸入值或輸入量；(二)事業為個別輸入及聯合輸入所需成本比較；(三)達成加強貿易效能之具體預期效果（公平交易法施行細則第18條）。

六、不景氣聯合

經濟不景氣期間，商品市場價格低於平均生產成本，致該行業之事業，難以繼續維持或生產過剩，事業為有計畫適應需求而限制產銷數量、設備或價格之共同行為者，得申請公平交易委員會許可不景氣聯合或因應不景氣聯合（公平交易法第15條第1項第6款）。依公平交易法第15條第1項第6款規定申請許可者，其聯合行為評估報告書，應詳載下列事項：(一)參與事業最近3年每月特定商品之平均成本、平均變動成本與價格之比較資料；(二)參與事業最近3年每月之產能、設備利用率、產銷值、產銷量、輸出入值、輸出入量及存貨量資料；(三)最近3年間該行業廠家數之變動狀況；(四)該行業之市場展望資料；(五)除聯合行為外，已採或擬採之自救措施；(六)實施聯合行為之預期效果（公平交易法施行細則第19條第1項）。除前項應載事項外，主管機關得要求提供其他相關資料（第2項）。

---

[21] 公平交易委員會2004年5月21日公聯字第093001號許可決定書。

七、中小企業聯合

　　事業爲增進中小企業之經營效率，或加強其競爭能力所爲之共同行爲者，得申請公平交易委員會許可專業化聯合（公平交易法第15條第1項第7款）。依公平交易法第15條第1項第7款規定申請許可者，其聯合行爲評估報告書，應詳載下列事項：(一)符合中小企業認定標準之資料；(二)達成增進經營效率或加強競爭能力之具體預期效果（公平交易法施行細則第20條）。中小企業之標準，依中小企業發展條例規定之認定（公平交易法施行細則第21條）[22]。例如，公平交易委員會在尊重個體加油站業者與供油商簽訂供油合約之前提，其爲確保個體加油站業者購油之議價能力，俾得與相關業者在終端零售市場公平競爭，維護消費者利益，茲訂定「行政院公平交易委員會對於國內個體加油站業者申請聯合購油案件之處理原則」，倘個體加油站業者之聯合行爲，係爲增進中小企業之經營效率，或加強其競爭能力所爲之共同行爲者，而有益於整體經濟與公共利益，得向公平交易委員會申請聯合行爲例外許可[23]。

八、概括條款

　　促進產業發展、技術創新或經營效率所必要之共同行爲，並有益於整體經濟與公共利益者，仍得申請主管機關爲例外許可，以使本法例外許可之規範更臻合理與完備（公平交易法第15條第1項第8款）。依公平交易法第15條第1項第8款規定申請許可者，其聯合行爲評估報告書，應詳載其實施聯合行爲達成降低成本、改良品質、增進效率、促進合理經營、產業發展或技術創新之具體預期效果（公平交易法施行細則第15條）。

---

[22] 中小企業發展條例第2條第1項規定：本條例所稱中小企業，係指依法辦理公司或商業登記，合於中小企業認定標準之事業。
[23] 公平交易委員會2005年12月16日公貳字第0940010699號函。

參、設立反托拉斯基金

一、基金來源

　　主管機關為強化聯合行為查處，促進市場競爭秩序之健全發展，得設立反托拉斯基金（公平交易法第47條之1第1項）。前項基金之來源如下：(一)提撥違反本法罰鍰之30%；(二)基金孳息收入；(三)循預算程序之撥款；(四)其他有關收入（第2項）。

二、基金用途

　　反托拉斯基金之用途如下：(一)檢舉違法聯合行為獎金之支出；(二)推動國際競爭法執法機關之合作、調查及交流事項；(三)補助本法與涉及檢舉獎金訴訟案件相關費用之支出；(四)辦理競爭法相關資料庫之建置及維護；(五)辦理競爭法相關制度之研究發展；(六)辦理競爭法之教育及宣導；(七)其他維護市場交易秩序之必要支出（公平交易法第47條之1第3項）。前項第1款有關檢舉獎金適用之範圍、檢舉人資格、發給標準、發放程序、獎金之撤銷、廢止與追償、身分保密等事項之辦法，由主管機關定之（第4項）。

肆、違反聯合行為之法律效果

一、行政責任

　　聯合行為經許可後，倘因許可事由消滅、經濟情況變更或事業逾越許可之範圍行為者，中央主管機關得廢止許可、變更許可內容、命令停止、改正其行為或採取必要更正措施（公平交易法第17條）。再者，公平交易委員會對於違反本法規定之事業，得限期命其停止、改正其行為或採取必要更正措施，並得處新臺幣10萬元以上5,000萬元以下罰鍰；逾期仍不停止、改正其行為或未採取必要更正措施者，得繼續限期命其停止、改正

其行為或採取必要更正措施，並按次連續處新臺幣20萬元以上1億元以下罰鍰，至停止、改正其行為或採取必要更正措施為止（公平交易法第40條第1項）。事業違反第15條，經公平交易委員會認定有情節重大者，得處該事業上一會計年度銷售金額10%以下之罰鍰（第2項）。事業上一會計年度銷售金額之計算、重大違法情節之認定、罰鍰計算之辦法，由公平交易委員會定之（第3項）。

二、刑事責任

違反第15條規定，經中央主管機關依第40條第1項規定，限期命其停止、改正其行為或採取必要更正措施，而逾期未停止、改正其行為或未採取必要更正措施，或停止後再為相同或類似違反行為者，處行為人3年以下有期徒刑、拘役或科或併科新臺幣1億元以下罰金（公平交易法第34條第1項）。

伍、例題解析

一、標準化聯合

A、B、C等筆記型電腦製造公司，擬制定筆記型電腦標準規格行為，基於下列理由，有益於整體經濟與公共利益，而限制競爭或不公平競爭之不利益尚不顯著，應予許可。詳言之如後：

(一)降低成本

在標準規格下，除有助於大量生產而達規模經濟效益外，亦有助於降低研發支出、供應商與事業之交易成本、市場布局成本、售後服務與教育訓練等。經評估結果，可知標準化規格實施後可降低成本利益，隨著量產達規模經濟所引發之成本下降，其最終價格下跌所增加之需求量，可預見未來之利益將逐年增加。

(二)改良品質與增進效率

就規格標準化而言,生產零組件之廠商,在相容零組件具高度替代性之情形,可將其營業重點集中於提升品質,以吸引顧客採購其產品,屆時品質將成為市場上競爭因素,有助於增進筆記型電腦之整體品質。再者,零組件規格標準化後,可節省零組件廠商為單一品牌廠商開立模組,在大量生產可相容性之零組件,有助於提升生產效率。

(三)增進消費者利益

在規格標準化後,除提供消費者於購買筆記型電腦時之其他選擇外,亦可享受規模經濟效益及成本降低之價格下降。且規格標準化後,將帶動筆記型電腦組裝市場之生機,屆時消費者亦可選擇自行組裝個人化筆記型電腦,有助於增進消費者利益。

(四)我國資訊產業之發展

參與聯合事業等之資金、人力、物力及技術所制定之標準規格,將帶動整體筆記型電腦市場動力,擴大技術發展規模,而未參與之廠商亦可因外溢效果而獲得參與生產、銷售之利益,將可提高國內廠商與國際大廠競爭之機會,對我國資訊產業之發展具有重要正面意義[24]。

二、輸入聯合

食品公司申請聯合進口玉米,倘本件聯合採購組成立者,可促進不同進口管道間相互之競爭,降低採購成本,嘉惠消費大眾。故合船採購組成立後,各組比率會有所調整,應對國內玉米進口市場之競爭有正面之效益,且可增加供應商參與國內玉米供應之管道,促進不同進口管道間相互之競爭。再者,本件聯合採購組成員聯合行為,係指共同合船進口玉米部

---

[24] 公平交易委員會2006年4月26日公聯字第095001號許可決定書。

分，而就購買玉米之價格、購買之數量、信用狀之開發、報關、提貨、加工等事項，均由組內成員公司自行辦理，進口後之原料、半成品及成品，亦由組內成員自行訂定價格銷售，對國內飼料產業及國內玉米買賣市場之競爭程度，並無改變與影響，其無影響我國玉米市場供需功能之虞。準此，數家食品公司申請自國外合船採購玉米，有益於整體經濟與公共利益，符合公平交易法第15條第1項第5款之規定[25]。

陸、相關實務見解——司法審查密度

公平交易法第14條之商業活動，是否足以影響生產、商品交易或服務供需等市場功能之聯合行為，係以不確定法律概念予以規範，固應尊重主管機關相當程度之判斷餘地。惟主管機關之判斷所依據之事實，是否符合論理法則或經驗法則，法院有衡情斟酌之權。倘經斟酌全辯論意旨及調查證據之結果，認為主管機關判斷受處分人違法事實所憑之證據，有取樣不當或所引用數據有運算之顯然疏失，而為主管機關據為判斷之基礎者，其所為之處分，則有適用法規不當之違法，此與不確定法律概念，應否尊重主管機關相當程度之判斷餘地無涉[26]。

---

[25] 公平交易委員會2007年1月26日公聯字第096001號許可決定書。
[26] 最高行政法院93年度判字第1588號、105年度判字第366號行政判決。

不公平競爭

第五章

目　次

關鍵詞：杯葛、廣告、參加人、市場力量、營業秘密、交易秩序、不正當方法、垂直聯合行為

不公平競爭可分為妨礙競爭之行為（公平交易法第19條至第20條）、不誠實競爭（公平交易法第21條至第24條）及概括禁止條款（公平交易法第25條）等類型[1]。詳如表5-1所示：

表5-1 不公平競爭之類型

類型	說明	法條
限制轉售價格	事業對於其交易相對人，就供給之商品作垂直價格拘束	公平交易法第19條
限制競爭	1.杯葛行為 2.差別待遇 3.強制交易行為 4.強制限制競爭 5.不當交易條件	公平交易法第20條第1款至第5款
仿冒行為	1.商品表徵之仿冒 2.服務表徵之仿冒	公平交易法第22條第1款至第2款
不實標示或廣告	就商品或服務本身之交易上重要資訊，為虛偽不實或引人錯誤之表示	公平交易法第21條
妨礙營業信譽	以競爭之目的而陳述或散布足以損害他人營業信譽之不實情事	公平交易法第24條
不當提供贈品或贈獎	不當提供贈品、贈獎之方法，爭取交易之機會	公平交易法第23條
概括禁止條款	足以影響交易秩序之欺罔或顯失公平之行為	公平交易法第25條

第一節　限制轉售價格

事業應容許其交易相對人轉售商品或再轉售時自由決定價格，不得對於商品轉售價格加以限制，倘限制下游廠商事業活動之交易行為者，其已剝奪配銷階段廠商自由決定價格之能力，該轉售價格限制之約定無效。

---

[1] 黃茂榮，公平交易法理論與實務，植根法學叢書，1993年10月，頁297。

例題15

　　出版事業在其出版品加以定價，使各書局售價一致，欲避免削價競爭。試問出版事業之定價行為，是否有違反公平交易法規範之限制轉售價格？理由為何？

例題16

　　藥師公會為推行藥品公開標價，而訂定參考價格表，作為醫院或藥局據以購買之參考因素。試問該訂定參考價格表行為，是否違反公平交易法規範之限制轉售價格？

壹、維持轉售價格

　　事業對於其交易相對人，就供給之商品轉售與第三人或第三人再轉售時，應容許其自由決定價格；有相反之約定者，其約定無效（公平交易法第19條本文）。例外情形，是有正當理由者（但書）。所謂維持轉售價格（resale price maintenance），係指企業對其交易相對人，就其所供給之商品設定轉售價格，並配合其他措施，限制交易相對人應遵行特定轉售價格之限制性交易行為，其屬上、下游廠商間之垂直聯合行為[2]。限制轉售價格之規範重點，係在避免上游事業以限制下游經銷商價格決定自由之方式，使同一品牌內不同經銷商間無法為價格競爭，係屬對事業垂直限制競爭之規範。故維持轉售價格之行為，破壞市場價格機能，較其他垂直性競爭限制行為之惡性為大[3]。

---

[2] 莊勝榮，解讀公平交易法，書泉出版社，2003年3月，2版1刷，頁43。
[3] 公平交易委員會2018年6月21日公處字第107047號函。

貳、垂直價格限制

一、特定商品之品牌內價格

　　自公平交易法第19條規範之意旨可知，製造商直接對經銷商為商品轉售價格之拘束，此限制訂價之自由，將使特定商品之品牌內價格競爭，完全趨於消滅，繼而因品牌內之競爭喪失，使得該特定商品價格下降壓力減少，進而間接導致品牌間之競爭減少，故具有高度之限制競爭效果，致使少數事業獲得利益，不利於自由市場之公平競爭、經濟繁榮及消費者之利益，均有公平競爭阻礙性，自應視為當然違法[4]。

二、上游與下游事業間

　　上、下游事業間不應有垂直價格限制行為，故事業應容許其交易相對人有自由決定價格之權利。倘事業對於其交易相對人就所供給之商品設定轉售價格，並以配合措施限制交易相對人遵行，此限制下游廠商事業活動之交易行為，已剝奪配銷階段廠商自由決定價格之能力，使經銷商將無法依據其各自所面臨之競爭狀況及成本結構，訂定合理售價，其結果將削弱同一品牌內不同經銷通路間之價格競爭。例如，A眼鏡公司銷售隱形眼鏡清潔液，採建議售價新臺幣（下同）200元至300元，經調查結果，認200元為最低轉售價格，90%之業者均以200元為售價，倘零售商以低於200元出售時，A眼鏡公司依據反映後，即派員進行溝通，勸阻業者不要進行削價競爭，倘無法達成協議，則對業者減量供貨，甚至斷貨。準此，A眼鏡公司銷售隱形眼鏡清潔液，就其提供之商品設定最低轉售價格不得低於200元，並以溝通、斷貨、回饋紅利、提高供貨及流水號掌控調貨等配合措施，作為限制轉售價格之手段，其目的均在維持200元最低轉售價格，

---

[4] 最高行政法院92年度判字第825號行政判決。

顯已違反公平交易法第19條本文規定。

三、正當理由

　　本法第19條第1項但書所稱正當理由，主管機關得就事業所提事證，應審酌下列因素認定之：(一)鼓勵下游事業提升售前服務之效率或品質；(二)防免搭便車之效果；(三)提升新事業或品牌參進之效果；(四)促進品牌間之競爭；(五)其他有關競爭考量之經濟上合理事由（公平交易法施行細則第25條）。

參、代銷型態

一、實質內容認定

　　認定當事人間之法律關係是否為代銷契約，不能僅從契約字面形式為之，應就其實質內容加以判斷。詳言之，代銷契約屬民事契約之一種，依契約自由原則，除非約定違反強制或禁止規定者無效，代銷契約為法律所允許，倘屬代銷契約之法律關係，因代銷並無所有權移轉，自無轉售過程可言。

二、代銷契約之因素

　　考量代銷契約之因素有二：(一)所有權是否移轉，倘所有權未移轉，即以行為人名義進行交易者，其屬代銷，否則所有權已移轉，縱使契約名稱為代銷，亦屬買賣關係，應受公平交易法第19條之規範[5]；(二)交易風險承擔仍應歸屬委託代銷者，包括商品之瑕疵擔保責任、商品保管責任、商品未能售出之風險負擔等[6]。準此，代銷契約縱使有約定銷售價格者，

---

[5]　最高行政法院92年度判字第346號、94年度判字第1059號行政判決。
[6]　公平交易委員會1992年4月30日公釋字第4號函。

然代銷之事業所獲得之利潤，並非自購進商品，再予轉售而賺取其間之差額，故無轉售價格之問題，不適用公平交易法第19條規定[7]。

肆、例題解析

一、出版品定價

公平交易法第19條所欲規範者，係事業與交易相對人間對轉售價格之約定，倘出版社對下游經銷商未要求或約定，應以某固定價格出售或不得打折，則不能僅以出版品上印有定價，而認定違反公平交易法第19條規定[8]。同理，產品標示定價或金額之標籤售予零售商，倘批發商對下游零售商未約定，應以固定價格出售或不得打折，不得僅以商品上標示該類標籤，即認定違反公平交易法第19條[9]。

二、藥品參考價格表

藥師公會訂定藥品參考價格表，足以影響會員之訂價決策，並形成價格聯合，暨提供上游業者對下游業者進行價格約定之機會，故不應有訂定參考價格表之行為[10]。

伍、相關實務見解——限制轉售價格

供應商雖主張其於經銷商獎勵金實施辦法之約定，係為防制經銷商以低於廠價之價格降價銷售換取現款，任由貨款支票退票之情形云云。然經銷商不支付貨款，其與供應商得否限制經銷商之轉售價格，係屬二事。因事業對於其交易相對人，就供給之商品轉售與第三人或第三人再轉售時，

---

[7] 公平交易委員會2000年2月1日公處字第10號處分書。
[8] 公平交易委員會1992年3月21日公研釋字第7號函。
[9] 公平交易委員會1992年7月9日公研釋字第22號函。
[10] 公平交易委員會1993年3月12日公研釋字第53號函。

應容許其自由決定價格，故不容許事業以其他顯然無關之事項，作為其限制轉售價格之藉口，是經銷商此部分之主張，不足為憑。

第二節　限制競爭

公平交易法第20條所規範之限制競爭類型有杯葛、差別待遇、不當略誘交易相對人、強制限制競爭、不當交易條件等類型[11]。因該等行為有限制競爭之虞，事業不得為之。

例題17

> 　　不動產仲介業者以損害特定不動產仲介業者為目的，促使聯賣資訊網站經營者，拒絕該不動產仲介業者參與其本身所參與之聯賣制度；或聯賣資訊網站經營者，以損害特定聯賣資訊網站經營者為目的，促使參與其本身聯賣制度之會員，不得參與其他聯賣制度、或將物件登錄於該特定聯賣資訊網站。試問上揭行為，有無違反公平交易法第20條第1款規定之虞？

例題18

> 　　洲富出版有限公司基於市場因素，給予不同作者之稿費給付或條件，有所差異。試問該出版事業，是否違反公平交易法第20條第2款之禁止差別待遇？

---

[11] 莊勝榮，解讀公平交易法，書泉出版社，2003年3月，2版1刷，頁49。

壹、拒絕交易行為

一、要 件

　　事業以損害特定事業為目的，促使他事業對該特定事業斷絕供給、購買或其他交易之行為，致有限制競爭之虞，其係拒絕交易行為或杯葛行為（公平交易法第20條第1款）。申言之，事業（杯葛發起者）以損害特定事業為目的，促使他事業（杯葛受使者）對該特定事業（被杯葛者）斷絕供給、購買或其他交易之行為，而有限制競爭或妨礙公平競爭之虞者，不得為之。例如，A公司為處罰其經銷商B公司，基於損害B公司為目的，而限制其他經銷商不得再轉售予B公司，致有妨礙公平競爭之虞。再者，所謂其他交易之行為者，包括被杯葛事業所從事之現在或未來一切營業活動，而斷絕之方式，除中止現有之交易關係外，不與被杯葛事業建立新的交易關係，亦屬之。杯葛行為之非難性，在於杯葛發起者以損害特定事業為目的，意圖借助他事業斷絕交易之方法，阻礙特定事業參與競爭，故杯葛發起者之促使行為，倘於客觀上已足以認定有誘導或唆使他事業，拒絕與特定事業交易之作用，而有限制競爭或妨礙公平競爭之虞者，即應具有可非難性。

二、判斷因素

　　判斷事業杯葛行為是否違法，應綜合考量當事人意圖、目的、杯葛發起者之市場結構及市場地位、杯葛行為所涉商品特性、杯葛行為之履行狀況，杯葛行為實施後對市場競爭之影響程度等。至於杯葛發起者促使杯葛受使者為杯葛行為後，有無發生斷絕交易之結果，雖可作為審酌杯葛行為之實施，對市場競爭影響程度之因素。惟該事實之存在與否，並非公平交易法第20條第1款成立之必要條件[12]。例如，百貨業者挾其市場優勢地

---

[12] 臺北高等行政法院93年度訴字第2973號行政判決；最高行政法院96年度判字第1481號行政判決。公平交易委員會2004年2月6日公處字第093016號處分書。

位，以損害特定事業爲目的，促使專櫃廠商對特定事業斷絕供給、購買或其他交易之行爲，而有限制競爭或妨礙公平競爭之虞。

貳、差別待遇行爲

一、要　件

事業無正當理由，對他事業給予差別待遇之行爲，致有限制競爭之虞，其行爲屬垂直性限制競爭之類型（公平交易法第20條第2款）。其重點在於保護事業之相對人，不致於因該事業憑藉市場力量，而爲不正當差別待遇。所謂差別待遇，係指事業對同一競爭階層之事業，其於交易條件或交易機會等事項給予不同之待遇[13]。公平交易法第20條第2款所稱正當理由，應審酌下列情形認定之：(一)市場供需情況；(二)成本差異；(三)交易數額；(四)信用風險；(五)其他合理之事由（公平交易法施行細則第26條第1項）。差別待遇是否有限制競爭之虞，應綜合當事人之意圖、目的、市場地位、所屬市場結構、商品或服務特性及實施情況對市場競爭之影響等加以判斷（第2項）。準此，差別待遇並非當然違法，構成違法之差別待遇，事業必須爲無正當理由，且其行爲有妨礙公平競爭之虞，始足當之[14]。

二、類　型

差別待遇行爲之主要態樣有：(一)價格之差別待遇；(二)交易條件之差別待遇；(三)交易對象選擇之差別待遇。倘事業與其他同種類事業進行交易之情形，無正當理由斷絕與特定事業現有或將來之業務關係，此拒

---

[13] 最高行政法院88年度判字第4312號行政判決。
[14] 公平交易委員會2006年3月21日公處字第095023號處分書。

絕交易之行為,亦構成交易對象選擇之差別待遇[15]。例如,A事業之投標案,設置參標者必須提出卡車底盤測試報告與售後服務證明書等條件。A事業之各區營業處自行購置時,亦僅規定售後服務證明於交貨時檢附即可,非必於辦理招標時提出者。而底盤功能測試報告與卡車目錄之數據內容,兩者完全相同,出具底盤功能測試報告非有必要性,其致有數家公司因未能取得底盤功能測試報告,而未通過資格標審查,顯已造成參標障礙。職是,A事業於參標資格中規定,投標廠商於投標時,須併附售後服務證明及卡車底盤功能測試報告,確係增加參標障礙,為無正當理由之差別待遇行為,違反公平交易法第20條第2款規定[16]。

參、強制交易行為

一、要 件

事業以低價利誘或其他不正當方法,阻礙競爭者參與或從事競爭之行為,致有限制競爭之虞,其行屬不正競爭之類型(公平交易法第20條第3款)。職是,行使權利之正當行為,未違反本款規定。例如,事業發放傳真聲明函、實施假扣押及提起民事訴訟等方法,其目的在於排除他人侵害其專利權,該等行為本質係正當方法,非屬阻礙競爭者參與或從事競爭之行為,行為人不具妨礙公平競爭之可非難性,其為行使權利之正當行為,非不正競爭之強制交易行為[17]。

二、低價利誘

所謂低價利誘,係指事業以低於成本或顯不相當之價格,阻礙競爭

---

[15] 最高行政法院85年度判字第3039號、88年度判字第4312號行政判決。
[16] 最高行政法院93年度判字第6號行政判決。
[17] 智慧財產及商業法院102年度民公上字第2號民事判決。

者參與或從事競爭（公平交易法施行細則第27條第1項）。低價利誘是否有限制競爭之虞，應綜合當事人之意圖、目的、市場地位、所屬市場結構、商品或服務特性及實施情況對市場競爭之影響等項目，加以判斷（第2項）。

肆、強制限制競爭

一、要　件

事業以脅迫、利誘或其他不正當方法，使他事業不爲價格之競爭、參與結合或聯合之行爲（公平交易法第20條第4款）[18]。該使參與限制營業競爭行爲屬聯合行爲之類型，學理上稱爲限制競爭行爲之外部強制，本款規範之意旨，在於保護他事業營業自由意識之自主，其應屬限制競爭之規範。所注重者爲手段之高度不法內涵，其目的在於直接限制競爭之行爲，故無須探究事業之市場地位[19]。例如，碎石採取事業意圖壟斷南部地區現貨碎石市場，提高碎石價格，而以保證金、補償金及高於市價之價格等方法，誘使他事業將所有現貨供應其銷售，而參與事業所產碎石占南部市場供應90%以上，該不正當方法，嚴重影響南部地區現貨碎石買賣市場之公平競爭，構成妨礙市場公平競爭之違法行爲[20]。

(一)脅　迫

所謂脅迫者，係指事業以威脅逼迫之方法強制事業之交易相對人與自己交易之行爲[21]。例如，黑道介入工程招標，以暴力或恐嚇使業主與之簽約，其構成妨礙市場公平競爭之違法行爲。

---

[18] 智慧財產及商業法院106年度民公上更（一）字第1號民事判決。
[19] 公平交易委員會2006年6月14日公處字第095085號處分書。
[20] 公平交易委員會1992年4月15日公處字第3號處分書。
[21] 汪渡村，公平交易法，五南圖書出版股份有限公司，2007年9月，3版1刷，頁150。

(二)利　誘

　　所謂利誘者，係指事業不以品質、價格及服務爭取顧客，而利用顧客之射倖、暴利心理，藉利益影響顧客對商品或服務為正常之選擇，致誘使顧客與自己交易行為[22]。例如，公平交易法雖不禁止事業以提供贈品作為促銷之方式，然贈品內容已達利誘之程度而有妨礙公平競爭之虞，則有可能違反公平交易法第20條第4款之規範，公平交易委員會為對事業贈品贈獎促銷活動有明確之規範，有制定公平交易委員會處理贈品贈獎促銷額度案件原則。

二、類　型

(一)禁止事業為價格競爭或參與結合、聯合行為

　　公平交易法第20條第4款規範之行為，係獨立之違法類型，其構成要件並不以他事業間確已發生不為價格競爭、參與結合或聯合行為為必要，亦不以他事業因違反同法第15條第1項本文規定，而受主管機關處罰為前提要件。本款規定之行為主體，可能是結合或聯合行為成員以外之事業，亦不限於同一產銷階段具有水平競爭關係之事業，其可能係由與此產銷階段利害密切者，而不具水平競爭關係之事業，促使此產銷階段不為價格之競爭、參與結合或聯合之行為。本款所規範，係促使他事業不為價格競爭、參與結合或聯合行為，其方式或手段，除脅迫或利誘外，包括其他不正當方法，行為之方式或手段，具有不正當之共同特徵。所謂其他不正當方法，係指脅迫、利誘以外之其他一切不正當方法，並非以具有脅迫、利誘之共同特徵為限，即不以相對人之交易意願受到脅迫、利誘而無法適當判斷為限[23]。

---

[22] 公平交易委員會1992年7月7日公參字第00209號函。
[23] 最高行政法院102年度判字第586號行政判決。

(二)無正當理由或不正當方式

判斷無正當理由或不正當方法，應從其阻礙公平競爭之性格加以解釋。應綜合行為人之意圖、目的、市場地位、所屬市場結構、商品特性及履行情況後，自維持公平競爭秩序之觀點，個別加以判斷。準此，舉凡促使他事業不為價格競爭或參與結合、聯合行為之方式或手段，違反商業倫理及效能競爭，對競爭秩序產生不良影響而具可非難性，且有限制競爭或妨礙公平競爭之虞者，均屬此類型[24]。

伍、不當交易條件

一、要　件

事業以不正當限制交易相對人之事業活動為條件，而與其交易之行為，其行為屬垂直性限制競爭之類型（公平交易法第20條第5款）。本款所規範之行為，學理稱為拘束第二手契約，涉案之事業具有一定之市場地位。反之，事業不具備一定市場地位，雖有拘束第二手契約之行為，然與其交易之事業有多重之選擇可能性，不致於妨害市場之自由競爭之秩序，則無本款之適用。本法第20條第5款所稱限制，係指搭售、獨家交易、地域、顧客或使用之限制及其他限制事業活動之情形（公平交易法施行細則第28條第1項）。前項限制是否不正當，應綜合當事人之意圖、目的、市場地位、所屬市場結構、商品特性及履行情況對市場競爭之影響等加以判斷（第2項）。

二、類　型

(一)搭　售

搭售行為違法之構成要件，可分為形式及實質要件判斷之。形式要

---

[24] 最高行政法院102年度判字第586號行政判決。

件應考慮：1.至少存在二種可分之產品或服務；2.須存在明示或默示之約定，買受人無法自由選擇，是否向出賣人同時購買搭售與被搭售產品。實質要件應考慮：1.出賣人須在搭售產品，擁有一定程度之市場力；2.有無妨礙被搭售產品市場競爭之虞；3.是否具有正當理由。例如，A菸酒公司為唯一之國產菸製造商，其在國內菸品市場之占有率，以銷售量計算在40%至50%間、而以銷售值計算則在35%至40%間，可見A菸酒公司擁有相當之市場力量，A菸酒公司所採行之菸品獎購措施，其內容為購買新菸品者，即可優先獎購一定數量之長壽尊爵系列舊菸品。因新、舊菸品各具獨立經濟價值，並無必須同時銷售或消費之正當理由，係獨立可分之商品。而交易相對人既就舊菸品受有供應配額之限制，A菸酒公司復以購買新菸品，作為優先購買暢銷舊菸品之交易條件限制，是其行為符合搭售行為之形式要件。再者，A菸酒公司於舊菸品實施總量管制，且市場預期菸品健康捐調漲所生之搶購心理，就菸品為搭售之行為，將使交易相對人為得於市場供需失調之情況，優先獎購暢銷之舊菸品，致不得不購買新菸品，而非以新菸品之品質、價格等條件，作為合理之交易決定考量因素，已有妨礙菸品市場公平競爭之虞[25]。

(二)獨家交易

　　所謂獨家交易者，係指供應商限制其經銷商僅能與其交易，不得銷售其他競爭者品牌商品或服務[26]。例如，A牧場公司在生乳收購市場具有相當之市場地位，其於生乳收購合約書中，不當限制酪農戶，對於所產之生乳不得自行加工、販售或交予第三人，並對於冬季收購配額外生乳，除限制酪農戶不得將產乳交予A牧場公司之其他酪農戶或自行加工、委託代工

---

[25] 公平交易委員會2006年9月21日公處字第095142號處分書。

[26] 汪渡村，公平交易法，五南圖書出版股份有限公司，2007年9月，3版1刷，頁167。

外，亦不得自創品牌生產與A牧場公司同性質之乳製品，在市場販售，已構成以不正當限制交易相對人之事業活動為條件，而與其交易之行為，有限制競爭之虞，違反公平交易法第20條第5款規定[27]。

(三)地域與顧客限制

所謂地域與顧客限制，係指先行規劃一定之銷售區域，並限制其交易對象僅在特定之區域銷售，不得越區銷售之行為[28]。例如，出版事業倘無正當理由限制經銷商跨區經營，而有限制競爭或妨礙公平競爭之虞者，將有違反公平交易法第20條第5款規定之虞。

(四)其他限制事業活動

所謂其他限制事業活動，係指搭售、獨家交易、地域、顧客或使用之限制以外之情形。例如，伴唱帶市場之經銷體系中，區域承包商負責經銷出租權，其利潤來源取決於承租及轉租間之價差，倘事業限制轉租價格，則係剝奪區域承包商自由決定MIDI伴唱產品轉租價格之空間，且限制價格競爭，自不利於區域承包商之下游消費者，此有限制競爭或妨礙公平競爭之虞。準此，違反公平交易法第20條第5款規定[29]。

陸、例題解析

一、不動產仲介之聯賣制度

(一)網際網路之交易平臺

在網際網路資訊時代，由各不動產仲介公司或經紀人合作共用資訊系統組成聯賣資訊網，已成為新興之交易型態。仲介業者將其開發完成之待

---

[27] 公平交易委員會2004年12月28日公處字第093132號處分書。

[28] 汪渡村，公平交易法，五南圖書出版股份有限公司，2007年9月，3版1刷，頁167。

[29] 智慧財產及商業法院100年度行公訴字第1號、第2號行政判決。

租售物件個案上網，讓其他仲介業者，透過系統瞭解各家公司仲介銷售
或出租之物件產品，並尋找買方或承租人以促成交易，使得開發案源之經
紀人（開發方）與銷售案源之經紀人（銷售方）可能分屬於不同之仲介公
司。透過聯賣制度（multip lelisting services, MLS），相關消費者可享受
一家委託、多家服務之好處，對賣方或出租人而言，經由將委託物件上
網，除可增加物件之曝光機會與成交機會外，亦可縮短銷售或出租時間，
並減少搜尋仲介業者及買方或承租人之成本。對買方或承租人而言，可經
由一個經紀人居間介紹服務，即可就網路上眾多待租售物件，遴選中意之
不動產，減少搜尋合意物件與仲介時間之成本。再者，對於仲介業者而
言，除可增加其開發案件銷售或出租之機會，亦可增加銷售或出租其他仲
介業者開發案件之機會，同時可減少人力、物力之耗損，進而降低成本，
提高經營效率。職是，為有效增進聯賣制度之效率，聯賣資訊網站經營者
應盡量將會員所有之物件公開上網，不以特定契約型態為限，使相關消費
者享有充分選擇之機會。

(二)杯葛行為或拒絕交易行為

　　不動產仲介業者或聯賣資訊網站經營者，在市場上應以較有利之價
格、數量、品質、服務或其他條件，爭取交易機會，從事公平競爭行為。
倘不動產仲介業者以損害特定不動產仲介業者為目的，促使聯賣資訊網站
經營者拒絕該不動產仲介業者，參與其本身所參與之聯賣制度；或聯賣資
訊網站經營者以損害特定聯賣資訊網站經營者為目的，促使參與其本身聯
賣制度之會員，不得參與其他聯賣制度、或將物件登錄於特定聯賣資訊網
站，有限制競爭或妨礙公平競爭之虞者，其屬杯葛行為或拒絕交易行為
（公平交易法第20條第1款）[30]。

---

[30] 公平交易委員會2008年1月10日公壹字第0970000194號函修正「公平交易法對於
不動產仲介業者實施聯賣制度之規範說明」。

二、禁止差別待遇

　　所謂價格之差別待遇，係指相同之商品或勞務以不同之價格為交易。故出版業對不同作者給付不同之稿費或版稅，倘係因作者之知名度、知識、經歷、讀者偏好、市場等因素之不同而有差異，則其非差別待遇所指「相同之商品或勞務」，應無公平交易法第20條第2款規定之適用。況縱使有差別待遇之情事，然有正當理由者亦不違法。職是，作品因作者之知名度、知識、經歷、讀者偏好、市場等因素之不同而有差異，可認定其具有差別之正當理由而不違法[31]。

柒、相關實務見解──有限制競爭之虞

　　公平交易法第20條所稱有限制競爭之虞，僅需所實施之行為有限制競爭之可能性即足，並不以市場功能實際已受影響為必要。故縱使所實施之行為，雖目前未具體產生限制競爭效果，然不即時遏止，事業將繼續實施或反覆實施該行為，或造成其他事業之仿效跟進實施該行為，可能導致市場競爭受到抑制或被削弱，而有限制競爭之傾向，此行為該當限制競爭之虞[32]。

第三節　仿冒行為

　　事業就商品或服務著名表徵之仿冒行為，有商品表徵之仿冒與服務表徵之仿冒等類型，事業攀附著名表徵之行為其為不公平競爭方法之一環，自應加以規範。

---

[31] 公平交易委員會1992年3月21日公研釋字第7號函。
[32] 公平交易委員會2015年5月7日公處字第104033號處分書。

例題19

　　A公司產製「萬事可樂」之商品容器，歷經市場長期銷售，並擁有高度市場占有率及強力廣告宣傳，早已為國內消費大眾所共知，而B公司所製造販售之「無糖可樂」商品上，使用相關大眾所共知之「萬事可樂」容器外觀、圖樣、設色，致與上開商品相混淆。試問B公司之行為，有無違反公平交易法第22條第1項第1款規定？

例題20

　　C出版公司出版「腦筋急轉彎」幽默漫畫書籍，其市場銷售量甚佳，深受相關消費者之喜愛，D出版公司乃以「新腦筋急轉彎」名義發行幽默漫畫書籍。試問D出版公司之行為，有無違反公平交易法第22條第1項第1款規定？

壹、商品表徵之仿冒

一、要　件

　　事業就其營業提供之商品或服務，不得以著名之他人姓名、商號或公司名稱、商標、商品容器、包裝、外觀或其他顯示他人商品之表徵，而於同一或類似商品，為相同或近似之使用，致與他人商品混淆，或販賣、運送、輸出或輸入使用該項表徵之商品者（公平交易法第22條第1項第1款）。成立商品表徵之仿冒要件有三：

(一)著　名

　　所謂著名者（well-known），係指有客觀證據足以認定已廣為相關事業或消費者所普遍認知者（商標法施行細則第31條）。職是，對於著名

表徵以公平交易法第22條規定加以保護。

(二)為相同或近似之使用

公平交易法第22條第1項第1款所稱相同，係指文字、圖形、記號、商品容器、包裝、形狀、或其聯合式之外觀、排列、設色完全相同而言；而類似則指因襲主要部分，使相關事業或消費者於購買時施以普通注意猶有混淆誤認之虞者[33]。

(三)致與他人之同一或類似商品混淆

所謂混淆者，係指相關事業或消費者對於商品或服務來源，有誤認誤信而言。例如，「林記新東陽」與「新東陽」之主要部分均為「新東陽」，兩者構成相同，致相關消費者致生混淆之可能。

二、保護客體

公平交易法第22條第1項第1款所保護之商品容器、包裝或外觀，應限於經長期使用而達到相關事業或消費者大眾所共知，而交易相對人以之作為區別商品來源之認定對象。故廠商用以區別商品來源之特徵，應具有顯著性、獨特性或辨識性，並經該廠商長期使用在其商品，使相關事業或消費者一見該表徵，可知悉該產品為某特定廠商所產製，即商品之表徵須具有表彰商品來源之功能，始足當之[34]。例如，事業主觀上以百褶設計，作為其行李箱外觀之表徵，且事業製造與銷售之相關行李箱商品外觀全部使用百褶設計，並長期傳達其行李箱具有百褶設計之概念，廣告行銷或媒體報導亦廣泛正確傳達百褶設計，係事業製造與銷售行李箱之經典表徵，行李箱外觀百褶設計之表徵具有高度市場強度，而為相關事業、消費者所

---

[33] 公平交易委員會對於公平交易法第20條案件之處理原則第5點（現行法應為第22條）。

[34] 最高法院87年度台上字第744號民事判決。

普遍認知，並與事業之行李箱商品連結，足認行李箱外觀之百褶設計，具有區別商品來源之功能，且爲著名表徵。百褶設計業經相當期間使用而建立其識別性，達成辨識特定商品來源之效能，其爲著名表徵[35]。

三、判斷表徵事項

(一)識別力或第二意義

所謂表徵，係指某項具識別力或第二意義之特徵，其得以表彰商品或服務來源，使相關事業或消費者用以區別不同之商品或服務。所謂識別力，係指某項特徵特別顯著，使相關事業或消費者見諸該特徵，即得認知其表彰該商品或服務爲某特定事業所產製或提供。所謂第二意義，係指某項原本不具識別力之特徵，因長期繼續使用，使相關事業或消費者認知並將之與商品或服務來源產生聯想，該特徵因而產生具區別商品或服務來源之另一意義[36]。

(二)表徵之類型

公平交易法第22條所稱之表徵，其類型有二：1.文字、圖形、記號、商品容器、包裝、形狀、或其聯合式特別顯著，足以使相關事業或消費者據以認識其爲表彰商品或服務之標誌，並藉以與他人之商品或服務相辨別；2.文字、圖形、記號、商品容器、包裝、形狀、或其聯合式本身雖未特別顯著，然因相當時間之使用，足使相關事業或消費者將之與商品或服務來源產生聯想[37]。

---

[35] 智慧財產及商業法院104年度民公訴字第9號、106年度民公上字第1號民事判決。

[36] 2015年3月18日廢止之公平交易委員會對於公平交易法第20條案件之處理原則第4點。

[37] 2015年3月18日廢止之公平交易委員會對於公平交易法第20條案件之處理原則第7點。

(三)表徵之內容

公平交易法第22條所稱之表徵內容有：1.姓名；2.商號或公司名稱；3.商標；4.標章；5.經特殊設計，具識別力之商品容器、包裝、外觀；6.原不具識別力之商品容器、包裝、外觀，因長期間繼續使用，取得第二意義者[38]。反之，不具表彰商品或來源之功能，並非表徵者如後：1.商品慣用之形狀、容器、包裝；2.商品普通之說明文字、內容或顏色；3.具實用或技術機能之功能性形狀；4.商品之內部構造；5.營業或服務之慣用名稱[39]。

(四)判斷因素

判斷表徵是否為相關事業或消費者所普遍認知，應綜合審酌下列事項：1.以該表徵為訴求之廣告量，是否足使相關事業或消費者對該表徵產生印象；2.具有該表徵之商品或服務於市場之行銷時間，是否足使相關事業或消費者對該表徵產生印象；3.具有該表徵之商品或服務於市場之銷售量，是否足使相關事業或消費者對該表徵產生印象；4.具有該表徵之商品或服務於市場占有率，是否足使相關事業或消費者對該表徵產生印象；5.具有該表徵之商品或服務，是否經媒體廣泛報導，足使相關事業或消費者對該表徵產生印象；6.具有該表徵之商品或服務之品質及口碑；7.當事人就該表徵之商品或服務，提供具有科學性、公正性及客觀性之市場調查資料，涉及當事人所提供市場調查資料時，適用「行政院公平交易委員會處理當事人所提供市場調查報告之評估要項」處理；8.相關主管機關之見解[40]。

---

[38] 2015年3月18日廢止之公平交易委員會對於公平交易法第20條案件之處理原則第8點。

[39] 2015年3月18日廢止之公平交易委員會對於公平交易法第20條案件之處理原則第9點。

[40] 2015年3月18日廢止之公平交易委員會對於公平交易法第20條案件之處理原則第10點。

三、判斷混淆事項

(一)判斷因素

　　所謂混淆者，係指對商品或服務之來源有誤認誤信而言[41]。判斷是否造成第22條所稱之混淆，應審酌下列事項：1.具普通知識經驗之相關事業或消費者，其注意力之高低；2.商品或服務之特性、差異化、價格等對注意力之影響；3.表徵之知名度、企業規模及企業形象等；4.表徵是否具有獨特之創意[42]。

(二)判斷原則

　　審酌表徵是否相同或近似之使用，而致有混淆之情事，應本諸客觀事實，依下列原則判斷之[43]：1.具有普通知識經驗之相關事業或消費者施以普通注意之原則：表徵是否之近似，應以具有普通知識之消費者，在購買商品或服務時施以普通注意力，有無混淆誤認之虞，作為判斷基準[44]；2.通體觀察及比較主要部分原則：所謂通體觀察者，係指比較兩表徵是否近似時，應就表徵之整體予以比對觀察，而非將構成表徵之每一部分，加以分開而比較分析[45]。所謂主要部分觀察，係指表徵圖樣之某一構成部分特別顯著突出，該部分得取代表徵整體，而與另一表徵之顯著部分加以比對。換言之，表徵可分主要部分與附屬部分時，應以比較主要部分為主，通體觀察為輔，其主要部分近似，有使相關消費者混淆誤認之虞，縱使其

---

[41] 2015年3月18日廢止之公平交易委員會對於公平交易法第20條案件之處理原則第6點。

[42] 2015年3月18日廢止之公平交易委員會對於公平交易法第20條案件之處理原則第11點。

[43] 2015年3月18日廢止之公平交易委員會對於公平交易法第20條案件之處理原則第12點。

[44] 林洲富，商標法案例式，五南圖書出版股份有限公司，2023年10月，6版1刷，頁108。

[45] 司法院24年院字第1384號解釋；最高行政法院94年度判字第1820號行政判決。

附屬部分不近似，亦屬近似之表徵[46]；3.異時異地隔離觀察原則：表徵之近似與否，應將兩表徵隔離觀察之，不能僅以互相比對之觀察為標準。即自相關消費者之觀點，異時異地，從時間、空間上予以隔離觀察[47]。

貳、服務表徵之仿冒

　　以著名之他人姓名、商號或公司名稱、標章或其他表示他人營業、服務之表徵，而於同一或類似之服務，為相同或近似之使用，致與他人營業或服務之設施或活動混淆者（公平交易法第22條第1項第2款）。例如，兩公司名稱中標明不同業務種類者，其公司名稱非公平交易法第22條所稱之相同或近似之使用。而事業以普遍使用方法，使用依公司法登記之公司名稱，倘無積極行為使人與相關事業或消費者所普遍認知之他人營業混淆者，不違反本法第22條規定[48]。

參、例外不適用規定

一、註冊商標

　　本法第22條所保護之表徵，倘屬已註冊商標，應逕適用商標法相關規定，不再於本法重複保護。故第22條第1項姓名、商號或公司名稱、商標、商品容器、包裝、外觀或其他顯示他人商品或服務之表徵，依法註冊取得商標權者，不適用之（公平交易法第22條第2項）。

二、列舉事由

　　事業就其營業所提供之商品或服務，原則不得有公平交易法第22條

---

[46] 最高法院75年度台上字第3240號刑事判決；智慧財產及商業法院99年度刑智上易字第81號刑事判決。

[47] 臺北高等行政法院91年度訴字第3645號行政判決。

[48] 2015年3月18日廢止之公平交易委員會對於公平交易法第20條案件之處理原則第14點。

第1項所列之仿冒行為。例外情形，係下列各款行為不適用之：(一)以普通使用方法，使用商品或服務習慣上所通用之名稱，或交易上同類商品或服務之其他表徵，或販賣、運送、輸出或輸入使用該名稱或表徵之商品或服務者；(二)善意使用自己姓名之行為，或販賣、運送、輸出或輸入使用該姓名之商品或服務者；(三)對於第22條第1項第1款或第2款所列之表徵，在未著名前，善意為相同或近似使用，或其表徵之使用係自該善意使用人連同其營業一併繼受而使用，或販賣、運送、輸出或輸入使用該表徵之商品或服務者（公平交易法第22條第3項）。

三、附加適當表徵

事業因他事業為第3項第2款或第3款之行為，致其商品或服務來源有混淆誤認之虞者，固得請求他事業附加適當表徵。然對僅為運送商品者，不適用之（公平交易法第22條第4項）。

肆、例題解析

一、商品容器表徵之仿冒

A公司產製「萬事可樂」之商品容器，歷經市場長期銷售，並擁有高度市場占有率及強力廣告宣傳，早已為國內消費大眾所共知，而B公司所製造販售之「無糖可樂」商品上，使用相關大眾所共知之「萬事可樂」容器外觀、圖樣、設色，致與兩公司之商品相混淆。自通體觀察或比較主要部分，相關消費者異時異地隔離觀察，極易獲致相同之印象。B公司顯係A公司「萬事可樂」商品表徵，為相同或近似之使用，故違反公平交易法第22條第1項第1款規定。

二、顯示商品表徵之仿冒

　　C出版公司出版「腦筋急轉彎」幽默漫畫書籍，其市場銷售量甚佳，深受相關消費者之喜愛，故「腦筋急轉彎」已成為相關消費者所普遍認知之C出版公司出版幽默漫畫書籍之表徵，D出版公司以「新腦筋急轉彎」名義發行幽默漫畫書籍，係以相同或近似之使用，致與C出版公司之「腦筋急轉彎」商品混淆，是違反公平交易法第22條第1項第1款規定。

伍、相關實務見解

一、第一審行政訴訟事件管轄

　　智慧財產案件審理法第3條第2項第3款條文所謂「智慧財產權行政事件」，依其文義係指因公平交易法中涉及智慧財產權之規定所生之第一審行政訴訟事件。就公平交易法第22條所禁止之內容而言，其有關智慧財產權所生之第一審行政訴訟事件，應由智慧財產及商業法院管轄[49]。

二、非註冊商標之保護

　　公平交易法與商標法對於商標均設有保護規定，商標法重在商標權人私權之保護，是侵害已註冊之商標，應依商標法規範處理。公平交易法另為規範，目的在於使用他人表徵，引起混淆誤認、攀附他人商譽或詐取他人努力成果等，致違反效能競爭之本質，並有商業倫理之可非難性而妨礙公平競爭秩序，需以公權力介入制止，以維護公平競爭，重在公平競爭秩序之維護[50]。

---

[49] 司法院2011年2月1日院台廳行三字第1000002401號函。
[50] 最高法院105年度台上字第81號民事判決。

第四節　虛偽不實之記載或廣告

公平交易法第21條所禁止者，係事業就其商品或服務本身之交易上重要資訊，為虛偽不實或引人錯誤之表示或表徵。倘事業對商品或服務本身以外之其他事項，固非本條所規範之對象，然該事項係足以影響交易決定之重要資訊，即屬第25條所規範之欺罔行為。

例題21

建設公司之銷售廣告，對建築物建材所為之表示或表徵，其與實際不符，且其差異難為相關消費大眾接受者。試問有無違反公平交易法第21條規定？理由為何？

例題22

銀行事業於信用卡促銷活動廣告上，未就申辦信用卡之贈品附有限制條件，予以揭露。試問有無違反對於服務內容為引人錯誤之表示？依據為何？

壹、要　件

一、商品與廣告

事業不得在商品或廣告上，或以其他使公眾得知之方法，對於與商品相關而足以影響交易決定之事項，為虛偽不實或引人錯誤之表示或表徵（公平交易法第21條第1項）[51]。前項所定與商品相關而足以影響交易決

---

[51] 公平交易委員會2019年10月3日公處字第108059號處分書。

定之事項，包括商品之價格、數量、品質、內容、製造方法、製造日期、有效期限、使用方法、用途、原產地、製造者、製造地、加工者、加工地，及其他具有招徠效果之相關事項（第2項）。事業對於載有前項虛偽不實或引人錯誤表示之商品，不得販賣、運送、輸出或輸入（第3項）。所謂虛偽不實，係指表示或表徵與事實不符，其差異難為一般或相關大眾所接受，而有引起錯誤之認知或決定之虞者。所稱引人錯誤，係指表示或表徵不論是否與事實相符，而有引起一般或相關大眾錯誤之認知或決定之虞者[52]。例如，事業明知建築物申請建照時未設計夾層，承購戶於取得使用執照或交屋後，進行二次施工加蓋夾層，即可能因違反建築法規定，而遭受罰鍰、勒令停工或強制拆除之處分，就此影響購屋者權益之重要事項，未為正確之說明，使購屋者誤認室內夾層，係獲准施造之合法使用空間，進而誤認可以較低價格購買較多坪數，交屋時或交屋後逕行二次施工，即可合法取得夾層使用空間，違反行為時公平交易法第21條第1項規定[53]。

二、服務與廣告

(一)網路廣告使相關消費者產生誤解

公平交易法第21條第1項至第3項有關商品之規定，其於事業之服務準用之（公平交易法第21條第4項）。A電信公司在網站刊載HiNet光世代50M方案廣告，宣稱下載DVD僅12分鐘等情。自廣告內容以觀，予人之印象，係申辦A電信公司之光世代50M方案，即可達下載DVD資料檔案僅需12分鐘的速度。經公平交易委員會調查結果，認A電信公司所提供之光世代網路服務，所稱「50M」、「50M/5M」，僅是指最高可提供之線路

---

[52] 公平交易委員會對於公平交易法第21條案件之處理原則第5點、第6點。
[53] 最高行政法院90年度判字第197號行政判決。

速率（Line Rate），並非用戶實際使用速率。因上網速度係影響消費者交易決定之重要因素，故A電信公司之廣告內容，以幾近於最高線路速率之數值，以假設資料傳輸速率，該項網路廣告易使相關消費者產生誤解，已違反公平交易法第21條第4項準用同條第1項規定，公平交易委員會除可要求A電信公司立即停止違法行為，亦得並處新臺幣5萬元以上2,500萬元以下罰鍰。屆期仍不停止、改正其行為或未採取必要更正措施者，得繼續限期令停止、改正其行為或採取必要更正措施，並按次處新臺幣10萬元以上5,000萬元以下罰鍰，至停止、改正其行為或採取必要更正措施為止（公平交易法第42條）。

(二)使用郵局文字作為遞送業務之招牌名稱及廣告標題

　　郵局係指國營郵政機構之名稱，長久以來在一般公眾印象中，其主要營業項目即為信函之遞送，而涵蓋各類函件、包裹之運送業務。B公司及其加盟公司所經營之遞送業務範圍，僅限於受託辦理商業文書收受、整理、分類及商品處理分類、配送，並不得從事信函、明信片或其他具有通信性質文件之遞送，亦無辦理郵局前述儲匯保險等各項金融業務之功能，故其使用「郵局」等字，作為其從事遞送業務之招牌名稱及廣告標題，不僅有使民眾誤以為其所提供之服務內容，包括信函之遞送業務在內，且有誇大業務範圍，致有名實不符之虞，顯有違反公平交易法第21條之禁止刊登引人錯誤廣告規定[54]。

(三)銀行業之不實廣告

　　銀行業為典型之服務事業，茲說明銀行業廣告所為之虛偽不實或引人錯誤之表示或表徵如後：1.廣告表示零利率，而實際另收取具利息性質之其他費用；2.廣告之利率與實際成交之利率不符，其差距逾越一般交易相

---

[54] 最高行政法院84年度判字第2183號行政判決。

對人所能接受之程度；3.廣告未明示優惠利率適用之資格、期間、額度、負擔或其他限制；4.廣告表示零開辦費、零手續費或零費用，而實際另計收費。例如，徵信費、帳戶管理費等其他名目費用或訂有適用之限制；5.廣告未明示或揭露核貸上限之計算方式，致有引人錯誤者；6.廣告使人誤認旅行支票遺失或被竊，可於一定時間內補發或獲得理賠，而實際訂有補發方式、地點或其他限制；7.廣告未明示持卡人失卡零風險之負擔條件；8.廣告使人誤認信用卡或簽帳卡不預設消費金額，而實際審查持卡人逐筆消費時有金額限制；9.廣告之贈品價格、數量、品質、內容、產地與實際不符；10.廣告未明示贈品活動之期間、人數、數量、參加辦法等限制條件；11.廣告之抽獎方法、日期與實際不符；12.刊登廣告前，未查證供貨商所提供商品之內容、品質及效果，致有虛偽不實或引人錯誤者；13.重要交易資訊所刊登之版面排列、位置及字體大小顯不成比例，致有引人錯誤者[55]。

(四)商品發行量虛偽不實及引人錯誤之表示

　　B銀行在於網站宣稱1英兩龍年彩色銀幣，全球限量發行1萬枚，予人印象為有關商品全球發行量限量1萬枚，B銀行雖表示係誤植其他款式紀念幣之發行量，實際上該款紀念幣全球發行量為10萬枚。B銀行固稱發行量並非決定商品價值之首要因素，惟2012龍年紀念幣商品，係按年度搭配生肖之紀念幣，倘有眾多業者發行，相關消費者通常因該類商品獨特稀少性、品質或品牌知名度、設計等特性之吸引，而在眾多紀念幣間有所選擇，並作成交易決定。故廣告宣稱全球限量發行1萬枚，對相關消費者而言具有相對稀少性，有誘引交易相對人作出交易決定之效果。是B銀行實際上發行商品發行數量，並非如廣告所述全球限量1萬枚，且差距達9萬枚，有使相關消費者陷入錯誤交易決定之可能，期就商品之數量為虛偽不

---

[55] 公平交易委員會對於銀行業廣告案件之處理原則第3點。

實及引人錯誤之表示,違反公平交易法第21條第1項規定[56]。

三、藥物廣告之處理

有關藥物廣告不實案件,行政院衛生福利部與公平交易委員會雙方同意業務分工如後:(一)藥物廣告不實案件,由行政院衛生福利部優先處理;(二)藥事法第4條所稱藥物以外之一般商品,涉醫療效能宣稱之不實廣告案件,由行政院衛生福利部處理;(三)藥事法第4條所稱藥物以外之一般商品,為醫療效能以外之不實宣稱廣告案件,由公平交易委員會處理[57]。

貳、廣告代理業與責任

廣告代理業在明知或可得知之情形,製作或設計有引人錯誤之廣告,其與廣告主負連帶損害賠償責任。廣告媒體業在明知或可得知其所傳播或刊載之廣告,有引人錯誤之虞,仍予傳播或刊載,亦與廣告主負連帶損害賠償責任。明知或可得而知其所從事之薦證有引人錯誤之虞,而為薦證者,應與廣告主負連帶損害賠償責任。但廣告薦證者非屬知名公眾人物、專業人士或機構,僅於受廣告主報酬10倍之範圍內,應與廣告主負連帶損害賠償責任(公平交易法第21條第5項)。所謂廣告薦證者,係指廣告主以外,而於廣告中反映其對商品或服務之意見、信賴、發現或親身體驗結果之人或機構(第6項)。其包含知名公眾人物、專業人士、機構、相關消費者及外國人。例如,運動廠商邀請知名奧運網球金牌得主拍攝新款網球鞋之電視廣告,並於廣告中陳述該廠牌網球鞋之設計符合人體工學,不僅具舒適性,且可提升運動表現及成績。在此廣告中,縱使該運動員僅

---

[56] 公平交易委員會2012年5月22日第1072次委員會議紀錄。
[57] 公平交易委員會2013年4月11日公競字第1021460413號函。

在分享個人之感受及心得，相關消費者仍將認其係爲運動廠商作薦證，其因在於消費者認爲奧運金牌得主所具有之運動專業能力，足以判斷其所陳述之意見，必爲眞實可信，故廣告中所言不僅代表廣告主之意見，同時亦反映其個人之見解與觀點，該知名奧運網球金牌得主符合廣告薦證者之定義[58]。

參、例題解析

一、虛僞不實廣告

不動產廣告不得爲虛僞不實或引人錯誤情形之表示或表徵，故廣告上對建築物建材所爲之表示或表徵，其與實際不符，且其差異難爲相關消費大眾接受者，其涉及違反公平交易法第21條規定。同理，廣告上標示建築物之房屋或土地總面積，其與所有權狀登記之面積不符者，自屬虛僞不實廣告[59]。

二、服務內容為引人錯誤表示

事業爲達促銷商品或服務之目的所提供贈品、贈獎等活動，對相關消費者具有極大吸引力，而包括該贈品、贈獎之優惠內容、期間、數量、方式等限制及其他負擔，均屬交易上重要訊息，其足以影響消費者交易與否之決定。故事業就上揭重要訊息事項於廣告上應爲具體、明確之標示，使相關消費者在作交易決定前能據以評估，事業雖於廣告表示提供贈品，然未明示該贈品附有負擔或其他限制條件，而有致相關消費者產生錯誤之認知與決定，違反公平交易法第21條規定。準此，事業於信用卡促銷活動廣告，未就申辦信用卡之贈品附有限制條件，予以揭露，對於服務內容爲

---

[58] 公平交易委員會對於薦證廣告之規範說明。
[59] 公平交易委員會對於不動產廣告案件之處理原則第3點、第4點。

引人錯誤之表示，違反公平交易法第21條第4項準用第1項規定[60]。

肆、相關實務見解──虛偽不實及引人錯誤

　　一般民眾購屋多係供住家使用，是所售房屋之用途為何，屬重要交易資訊，事業於銷售不同用途之房屋時，其廣告用語如有使人誤認全部供住宅使用，復未主動加以澄清，即有公平交易法第21條第1項所定虛偽不實及引人錯誤之情事，不得以法無明定廣告應載事項為由，免除公平交易法之規範[61]。

第五節　損害營業信譽

　　事業為競爭之目的，而陳述或散布損害他人營業信譽之不實消息，以打擊競爭者，其屬有害交易秩序，故公平交易法第24條禁止事業之上揭行為。

例題23

　　A補習班與B補習班同為臺北地區升學數理補習班，具有競爭關係，B補習班為競爭之目的，而於補習班招生關鍵時刻之大學指考放榜前1日，大量散發標題為「榜單不見了？如此之補習班能去嗎？」廣告傳單予臺北地區高三畢業生，除具體指明A補習班之名稱，並於廣告內文故意歪曲事實，捏造A補習班學生「社會組240分以上0人、自然組270分以上0人」，致使收到該廣告之學生誤認A補習班教學品質低劣，而改與B補習班交易，造成A補習班營業信譽及招生作業難以彌補之重大損害。試問B補習班之行為，有無違反公平交易法第24條規定？

---

[60] 公平交易委員會2007年2月9日公處字第096029號處分書。
[61] 最高行政法院90年度判字第722號行政判決。

壹、概　說

一、構成要件

　　事業不得爲競爭之目的，而陳述或散布足以損害他人營業信譽之不實情事，其爲營業誹謗之行爲（公平交易法第24條）。事業之行爲是否爲競爭之目的，其前提應以事業間具有競爭關係爲要件。本條文之構成要件有三：(一)所謂基於競爭之目的，係指妨害顧客對於他人營業信譽應有之信賴，藉以爭取原將由他人取得交易機會之情形；(二)所謂陳述或散布不實情事，係指關於客觀事實之不實主張或聲明，以言詞、文字、圖畫或大眾傳播媒體，使特定內容處於第三人或不特定人得以瞭解狀態之表意行爲[62]；(三)所謂足以損害他人營業信譽，係指陳述或散布之內容，足以降低社會大眾或交易相對人，對被指摘事業之營業上評價而言。故事業倘以召開記者會方式，對他人之商品陳述或散布不實資訊，且其所陳述或散布之內容客觀上足以損害他人營業信譽者，即屬違反公平交易法第24條規定[63]。

二、比較廣告

　　事業所爲之比較廣告是否涉有公平交易法第24條之違反，應視其是否符合以下要件：(一)爲競爭之目的；(二)具體明白表示被比較之廠牌或企業名稱，不論自身產品實或不實，被比較對象之產品或服務，有虛僞不實或引人錯誤之表示；(三)不實內容非僅就產品優劣程度之比較，且比較之結果，足以對他人營業信譽產生貶損之結果；至於是否貶損他人之營業信譽，應依具體個案，衡酌交易相對人及潛在交易相對人對於廣告內容之客觀評價予以認定。倘廣告內容對於產品、營業、營業所有人或主管人員

---

[62] 智慧財產及商業法院108年度民公上字第4號民事判決。
[63] 公平交易委員會2006年5月4日公處字第095048號處分書。

等之不當貶損,導致交易相對人及潛在交易相對人,產生嚴重不信任感,致有拒絕交易或減少交易之可能等情形[64]。

貳、法律效果

一、兩罰主義

違反公平交易法第24條規定者,被害人除可依公平交易法第五章規定請求損害賠償,並可處行為人2年以下有期徒刑、拘役或科或併科新臺幣5,000萬元以下罰金(公平交易法第37條第1項)。法人之代表人、代理人、受僱人或其他從業人員犯第37條之罪者,除依第37條規定處罰其行為人外,對該法人亦科以該條之罰金(第2項)。前二項之罪,須告訴乃論(第3項)。本法第37條之處罰,其他法律有較重之規定,從其規定(公平交易法第38條)。

二、想像競合犯

公平交易法第37條第1項之損害營業信譽罪,同時符合刑法第310條第1項之普通誹謗罪或第2項之散布文字圖畫誹謗罪之犯罪構成要件,其屬一行為觸犯數罪名,其為想像競合犯,應從一重之公平交易法第37條第1項之罪處斷(刑法第55條本文)[65]。申言之,所謂想像競合,係指一個行為實現數個犯罪構成要件,侵害數個法益,致有數個犯罪結果之發生,其本質上為數罪。依公平交易法第24條、第37條第1項等規定處罰行為人,係為保護事業在市場上從事競爭、交易之公平性與正當性,保護法益為「商業信譽」之個人法益,並兼有社會法益,且犯罪構成要件有「事

---

[64] 公平交易委員會2006年5月4日公處字第095048號處分書。

[65] 臺灣高等法院88年度上易字第3812號、88年度上更(一)字第119號、100年度上易字第60號刑事判決。

業為競爭之目的」。而刑法第310條第1項或第2項之誹謗罪之犯罪，係侵害個人名譽法益，其與前開公平交易法之犯罪構成要件並非一致，所侵害之法益亦有不同。故被告為事業而為競爭之目的，以一個散布不實情事行為而侵害兼有社會法益、個人商業信譽法益及個人名譽法益，應屬想像競合犯之關係[66]。同理，一行為觸犯損害營業信譽罪與妨害信用罪，應認為兩者有想像競合犯之關係，應從一重之公平交易法第37條第1項之罪處斷。

參、例題解析──惡意損害他人營業信譽

A補習班與B補習班同為臺北地區升學數理補習班，具有競爭關係，B補習班為競爭之目的，以散發廣告宣稱A補習班未公布其臺北地區學生榜單及成績，散布足以損害他人營業信譽之不實情事，違反公平交易法第24條規定[67]。

肆、相關實務見解──營業信譽之保護對象

公平交易法第24條所稱事業之營業信譽，應專指合法正當之同業而言，倘該他人之同業所產銷之商品，為侵害行為人著作權及仿冒行為人專利權者，自非該條所保障而不得加以損害營業信譽之對象。本件檢舉人甲公司雖係合法申准登記成立之公司，並就其商品領有經濟部智慧財產局之註冊商標在案。惟其等所產銷之瓦斯防爆自動控制器相關產品，均有侵害原告著作權及專利權之情事，分別經刑事法院判罪處刑。職是，檢舉人甲不符合公平交易法第24條所保障而不得加以損害營業信譽之同業對象[68]。

---

[66] 臺灣高等法院93年度上易字第1225號刑事判決。
[67] 公平交易委員會2006年5月4日公處字第095048號處分書。
[68] 最高行政法院89年度判字第3441號行政判決。

第六節　其他欺罔或顯失公平

公平交易法第25條爲不公平競爭行爲之概括性規定，倘事業行爲有不公平競爭之性質，無法依公平交易法之其他條文規定加以規範者，始審查是否有本條之適用。

例題24

A國際股份有限公司於廣告刊載「銀行公會協商機制與A國際協商機制之比較表」，其以不相當之債務協商制度爲比較對象，並隱匿重要交易資訊，片面截取被比較對象之債務協商內容。試問該等行爲是否爲公平交易法所允？理由爲何？

例題25

貿易商自國外進口真品平行輸入商品，貿易商對於該商品之內容、來源、進口廠商名稱及地址等事項，以積極行爲，使相關消費者誤認爲係代理商所進口銷售之商品。試問有無違反公平交易法？理由爲何？

例題26

C公司爲製造潤膚乳液之廠商，其商品之按壓瓶容器與外包裝標籤，抄襲B公司自行設計，並使用於B公司商品之按壓瓶容器與外包裝標籤設計。而B公司已投入相當程度之努力，積極推銷其商品，其於市場上擁有一定之經濟利益。試問C公司抄襲B公司設計之行爲，是否有足以影響交易秩序之顯失公平之情事？

壹、要　件

　　除本法另有規定者外，事業亦不得爲其他足以影響交易秩序之欺罔或顯失公平之行爲（公平交易法第25條）。其範圍包括限制競爭行爲與不公平競爭行爲。自市場上效能競爭之觀點而言，事業從事競爭或商業交易行爲，以提供不實資訊或榨取他人努力成果等違反效能競爭本旨之手段，妨礙公平競爭或使交易相對人不能爲正確之交易決定之情形，均屬欺罔或顯失公平之類型[69]。適用第25條規定，應符合補充原則。本條爲不正競爭或不公平競爭行爲之概括規定，行爲是否構成不正競爭？可從行爲人與交易相對人之交易行爲，暨市場上之效能競爭是否受到侵害加以判斷[70]。例如，事業以高度抄襲他人知名商品之外觀或表徵，積極攀附他人知名廣告或商譽等方法，榨取其努力成果，或以積極欺瞞或消極隱匿重要交易資訊，而足以引人錯誤之方式，從事交易之行爲，依整體交易秩序綜合考量，認已造成民事法律關係中兩造當事人間，利益分配或危險負擔極度不平衡之情形時，即可認係不正競爭。反之，事業之行爲並無欺罔或顯失公平，或對市場上之效能競爭無妨害，或不足以影響交易秩序者，則無本條之適用[71]。

貳、補遺條款

　　公平交易法第25條規定，僅能適用於公平交易法其他條文規定所未涵蓋之行爲，倘公平交易法之其他條文規定對於某違法行爲已涵蓋，即該

---

[69] 最高行政法院94年度判字第1454號、95年度判字第444號行政判決；智慧財產及商業法院110年度民公更上(一)字第2號民事判決。

[70] 廖義男，足以影響交易秩序之欺罔或顯失公平之行爲，法令月刊，68卷5期，2017年5月，頁131至132。智慧財產及商業法院105年度民著上字第4號民事判決。

[71] 最高法院101年度台上字第993號民事判決。

個別條文規定已充分評價該行為之不法性，或該個別條文規定已規範該行為之不法內涵，則該行為僅有構成或不構成該個別條文規定之問題，而無由再依第25條加以補充規範之餘地。反之，倘該個別條文規定不能為該違法行為之評價規範者，始有以第25條加以補充規範之餘地[72]。換言之，本條係不公平競爭行為之概括性規定，除以足以影響交易秩序之要件為前提外，亦應符合補充原則，即應視本法有關限制競爭與不公平競爭等規範，是否未窮盡行為之不法內涵，始有本條之適用[73]。公平交易法第25條之成立要件有二：欺罔或顯失公平行為與足以影響交易秩序。

一、欺罔或顯失公平行為

　　所謂欺罔，係指對於交易相對人，以欺瞞、誤導或隱匿重要交易資訊致引人錯誤之方式，從事交易之行為。申言之：(一)所謂重要交易資訊，係指足以影響交易決定之交易資訊；(二)所稱引人錯誤，係指以客觀上是否會引起一般大眾所誤認或交易相對人受騙之合理可能性為判斷標準。衡量交易相對人判斷能力之標準，以一般大眾所能從事之合理判斷為基準。其常見行為類型有：(一)冒充或依附有信賴力之主體；(二)未涉及廣告之不實促銷手段；(三)隱匿重要交易資訊。舉例說明如後：1.未揭露共用部分應含車道之資訊；2.事業以誤導消費者之衛生紙漲價訊息，進行不實促銷[74]。再者，所謂顯失公平，係指以顯然有失公平之方法從事競爭或營業交易者。其常見行為類型有：(一)以損害競爭對手為目的之阻礙競爭；(二)榨取他人努力成果；(三)不當招攬顧客；(四)不當利用相對市場優勢地位；(五)利用資訊不對稱之行為；(六)補充公平交易法限制競爭行為之

---

[72] 公平交易委員會對於公平交易法第25條案件之處理原則第4點。
[73] 最高行政法院103年度判字第616號行政判決。
[74] 公平交易委員會1018年3月21日公處字第107014號處分書。

規定；(七)妨礙消費者行使合法權益；(八)利用定型化契約之不當行為。判斷事業未揭露重要交易資訊而與交易相對人從事交易之行為，究屬欺罔或顯失公平，應考慮該事業是否居於交易資訊之優勢地位。倘針對居於交易資訊優勢地位之特定行業，明定其資訊揭露義務揭露義務，事業違反資訊揭露義務時，應以顯失公平論斷[75]。

(一)虛偽參與投標

利用租借牌照或成立營造廠、虛增投標家數參與投標，其出租與承租牌照之事業，可非難處在於其可能藉此欺騙工程招標單位，使之誤信競爭之存在，而獲取交易之機會，違反公平交易法第25條之禁制規定[76]。

(二)以普遍認知商標作為公司名稱之特取部分

事業以相關事業或消費者所普遍認知之商標，為公司名稱之特取部分，申請設立登記並使用，縱未與他人商品來源或與他人營業或服務之設施或活動混淆，惟使用此種榨取他人努力成果，依附他人著名商譽之手段，已構成對市場上效能競爭之壓抑或妨礙，即有妨礙公平競爭，或有使交易相對人不能為正確之交易決定之虞，不符合商業競爭倫理，屬不公平競爭行為，並不以該他人受到實質侵害為必要[77]。

(三)貿易商搭便車

某汽車商品在臺灣地區有代理商進口，A貿易商對於該汽車商品之內容、來源、進口廠商名稱及地址等事項，以積極行為，使相關消費者誤認為係代理商所進口銷售之產品，此搭便車之行為，屬公平交易法第25條之欺罔或顯失公平之行為[78]。

---

[75] 公平交易委員會對於公平交易法第25條案件之處理原則第7點。
[76] 公平交易委員會2002年10月31日公法字第0910010626號函。
[77] 最高行政法院95年度判字第444號行政判決。
[78] 莊勝榮，解讀公平交易法，書泉書版社，2003年3月，2版1刷，頁145。

(四)濫用相對優勢地位收取附加費用

量販店、便利商店及超級市場等大型流通業，倘藉由交易上之優勢，為風險轉嫁或事後攤派費用之目的，而濫用相對優勢地位，以單方制定之定型化契約，向交易相對人收取附加費用，其為足以影響交易秩序之顯失公平之行為[79]。

(五)關鍵字廣告與著名商標高度近似

相關消費者於Google搜尋引擎輸入搜尋關鍵字後，搜尋頁面之廣告空間即會出現選定關鍵字之廣告主所擬定之廣告文案。倘廣告主與商標權人為同業競爭之事業，而廣告主購買與商標有關之關鍵字廣告，係利用該商標於相關領域已臻著名之知名度，且廣告主之特取名稱，以吸引相關消費者於搜尋引擎輸入關鍵詞檢索，便利其網站資訊為搜尋引擎所尋得，並導引商標權人之潛在客戶進入廣告主網站觀覽，以增加廣告主之交易機會，顯係攀附商標權人經營商標之知名度，榨取其努力之成果，係不利於商標權人之欺罔與顯失公平行為[80]。

(六)攀附他人商譽及高度抄襲

足以影響交易秩序之顯失公平行為類型，榨取他人營業競爭之努力成果為不符合商業競爭倫理之不公平競爭行為，常見態樣包括攀附他人商譽及高度抄襲，是否違法之判斷，必須遭攀附或高度抄襲之標的，係事業已投入相當程度之努力，其於市場上擁有一定之經濟利益，且已被他事業之行為所榨取者，繼而應考量是否達於完全一致或高度近似程度、遭抄襲之

---

[79] 何之邁，公平交易法專論（三），瑞興圖書股份有限公司，2006年7月，頁354至355。黃銘傑，公平交易法之理論與實際—不同意見書，學林文化事業有限公司，2002年8月，頁184至185。

[80] 最高法院105年度台上字第81號民事判決；智慧財產及商業法院102年度民商上字第8號民事判決；公平交易委員會對於公平交易法第25條案件之處理原則第7點。

標的，在市場競爭上之獨特性及占有狀態而定[81]。

二、足以影響交易秩序

所謂交易秩序，係指一切商品或服務交易之市場經濟秩序，可能涉及研發、生產、銷售與消費等產銷階段，其具體內涵則為水平競爭秩序、垂直交易關係之市場秩序及符合公平競爭精神之交易秩序。判斷足以影響交易秩序時，應可考量受害人數之多寡、造成損害之量及程度、是否會對其他事業產生警惕效果、是否為針對特定團體或組群所為之欺罔或顯失公平行為等事項，或有影響將來潛在多數受害人效果之案件，且不以其對交易秩序，已實際產生影響者或造成實害為限。準此，判斷事業行為是否構成足以影響交易秩序，僅要該行為實施後，有足以影響交易秩序之可能性，達到抽象危險性之程度即可[82]。至單一個別非經常性之交易糾紛，則應尋求民事救濟，而不適用公平交易法第25條規定[83]。茲舉例說明如後：

(一)濫用智慧財產權

智慧財產權人對於有侵害其智慧財產權之虞者，固得依智慧財產權相關法律通知侵害人，並主張排除侵害請求權。然未履行確認及通知之先行程序前，逕向其競爭對手之經銷通路或相關消費者，以口頭或書面逕為競爭者侵害其權利之表示，而受信者無法據以為合理判斷者，則屬濫用智慧財產權造成不公平競爭之情事[84]。

---

[81] 智慧財產及商業法院98年度民公上字第1號民事判決。

[82] 最高行政法院94年度判字第479號、99年度判字第777號行政判決；智慧財產及商業法院112年度民商訴字第8號民事判決。

[83] 公平交易委員會對於公平交易法第25條案件之處理原則第5點。

[84] 最高行政法院98年度判字第1479號行政判決；智慧財產及商業法院105年度民公上易字第1號民事判決。公平交易委員會對於公平交易法第25條案件之處理原則第3點。

(二)虛偽招徠代工

事業虛偽招徠代工之實例如後：1.事業有虛偽招徠代工者，並以欺騙或故意隱匿重要交易資訊等引人錯誤之方法，使其簽訂代工契約；2.事業虛偽徵求代工者，回收之代工完成品無銷售通路或銷售所得與固定支出顯不相當，實際上以販賣代工原料或設備，或以其他名目收取費用為主要收入來源；3.事業違反契約上之說明、照顧及協力義務；或利用應徵者之輕率、急迫或無經驗而締約；4.事業基於契約優勢地位，使代工者向其支付一定費用購買工作所需材料或設備；5.事業以其他名目收取費用，並訂有所支出費用不得要求退還之規定；6.事業於締約同時，已自代工者獲取經濟上之不當利益等[85]。

(三)濫用假處分程序

甲明知其專利範圍係複方組成物，亦明知乙申請藥證許可之藥品係單方成分，就其所提出之鑑定報告亦明顯存有瑕疵之情形，詎在乙取得藥證之際，以法律所賦予之假處分程序，故意曲解乙之藥品為侵權藥品，致乙之藥品因而延誤數年始能上市，應認甲係故意利用假處分程序之制度，遂行其防堵乙之競爭產品進入市場競爭之手段，自屬權利之濫用，其屬足以影響交易秩序之顯失公平行為[86]。

(四)攀附他人商譽

公平交易法與商標法對於商標雖均設有保護規定，然商標法重在商標權人私權之保護，因此侵害已註冊之商標，即依商標法規範處理；而公平交易法所以另為規範，乃以其使用他人表徵，引起混淆誤認，或攀附他人商譽、或詐取他人努力成果等違反效能競爭之本質，並有商業倫理之可非難性而妨礙公平競爭秩序，需以公權力介入制止以維護公平競爭，重在

---

[85] 最高行政法院94年度判字第384號行政判決。
[86] 智慧財產及商業法院99年度民公上字第3號民事判決。

公平競爭秩序之維護。公平交易法第22條第2項規定：前項姓名、商號或公司名稱、商標、商品容器、包裝、外觀或其他顯示他人商品或服務之表徵，依法註冊取得商標權者，不適用之。其立法理由表明，公平交易法第22條所保護之表徵，倘屬已註冊商標，應逕適用商標法相關規定，不再於本法重複保護，僅係規定使用顯示他人商品或服務之表徵致生混淆，如該表徵爲註冊之商標，應回歸適用商標法之規定。倘事業爲競爭之目的，雖未使用他人之表徵，或使用他人之表徵未致混淆，惟有攀附他人商譽者，而足以影響交易秩序之欺罔或顯失公平之情事，而具有商業倫理可非難性，有加以禁止之必要，仍應以違反公平交易法第25條規定論處[87]。

(五)搶註商標行使商標權

被告雖於2013年1月1日取得商標註冊，然其係因被告因競爭關係，知悉原告「The Cat」著作，意圖仿襲而以幾乎相同之圖樣申請搶註商標，其商標註冊有應撤銷事由，被告亦知悉其商標係搶註所得（商標法第30條第1項第12款）。參諸公平交易法之目的在維護交易秩序，促進公平競爭，故商標權人縱使行使其商標權，仍不得以違反公平競爭之方式爲之，以免影響公平交易秩序（公平交易法第45條）。被告以積極欺罔之方式於警告信函中，隱瞞其搶註商標之事實，已違反公平交易法第25條規定，無從構成正當權利行使之要件[88]。

(六)商業名稱攀附他人商標

1. 商業名稱與商標有關

商標係表彰商品或服務來源之識別標誌，藉以與其他之商品或服務來源之提供者相互區別。商號係表示商業主體，爲營利爲目的之獨資或合夥方式經營之事業之名稱，商號代表商業主體，並作爲與其他商業主體間相

---

[87] 最高法院105年度台上字第81號民事判決。
[88] 智慧財產及商業法院104年度民公上字第5號民事判決。

互區別之標識，相當於自然人姓名。從固有定義以觀，商標與商號所代表
之定義及功能，各有不同，每個商業主體雖僅有單一名稱，然其提供之商
品或服務可能多樣化，故同一個商業主體可能有多個不同商標，且商業主
體之名稱與其所使用之商標未必相同。由於商標及商號均具有提供識別標
誌，並引導相關消費者進行選擇之功能，商業活動將商號標示於提供商品
或服務有關之物品時，相關消費者常難以區辨該標誌，僅係表示商業主體
名稱，或係表示商品或服務之來源。準此，商號雖係表示商業主體之名
稱，然實際使用於商業活動時，可能使相關消費者認為亦屬商品或來源之
標誌，並作為選擇商品或服務之依據，其與商標使用，已難以截然畫分。
商號與商標之相似性，在服務之領域尤為明顯，因服務之提供，並未附著
於一個物質性之載體，標示於提供服務之有關物品之服務商標，其與標示
於提供服務有關之物品之商號，常結合而為一，提供服務之商業主體常會
不斷加深、強化其商業名稱，在相關消費者心中之印象，使其具有標示服
務來源之功能。故商號使用於商業活動中，可能成立商標之使用，其判別
之標準，在於一般商業交易習慣及相關消費者之角度，其表示之方式，是
否足以使相關消費者認知係表示商品或服務之來源之標識，並藉以與其他
商品或服務之來源相區別，而不應逕認商號之使用與商標之使用，係全然
無關，否則可能與商標法所欲保障商標具有識別商品服務來源之功能及相
關消費者之利益、維護市場公平競爭之立法目的相違。

2. 行使排除侵害請求權

甲於2015年9月8日辦理「A翻譯社」商業登記，A商標公告註冊日為
2016年10月11日，甲雖辦理商業登記之時間早於A商標註冊日。然商標權
人於2014年10月前，已使用A商標從事商業活動，當事人為從事相同之業
務，具有競爭關係，甲有不公平之競爭行為，商標權人自得依公平交易法
之規定尋求救濟，不因其得商標權在後而受有影響。職是，商標權人得依
公平交易法第29條規定行使排除侵害請求權，請求甲不得使用相同或近

似系爭商標之文字作爲其經營主體名稱之特取部分，並應向臺北市商業處辦理其商業名稱變更登記，爲不含相同或近似於系爭商標字樣之名稱，爲有理由[89]。

(七)攀附著名商標之關鍵詞廣告

公平交易法與商標法對於商標雖均設有保護規定，然商標法重在商標權人私權之保護，因此侵害已註冊之商標，即依商標法規範處理；而公平交易法所以另爲規範，乃以其使用他人表徵，引起混淆誤認，或攀附他人商譽、或詐取他人努力成果等違反效能競爭之本質，並有商業倫理之可非難性而妨礙公平競爭秩序，需以公權力介入制止，以維護公平競爭，重在公平競爭秩序之維護。公平交易法第20條雖於2015年2月4日移列至第22條，並增訂第2項：前項姓名、商號或公司名稱、商標、商品容器、包裝、外觀或其他顯示他人商品或服務之表徵，依法註冊取得商標權者，不適用之。其立法理由表明本條所保護之表徵，倘屬已註冊商標，應逕適用商標法相關規定，不再於本法重複保護，爲資明確，爰增訂第2項。可知上項增訂，僅係規定使用顯示他人商品或服務之表徵致生混淆，倘該表徵爲註冊之商標，應回歸適用商標法之規定。倘事業爲競爭之目的，雖未使用他人之表徵，或使用他人之表徵未致混淆，然有攀附他人商譽等足以影響交易秩序之欺罔或顯失公平之情事，而具有商業倫理可非難性，有加以禁止之必要者，仍應以違反公平交易法第25條規定論處[90]。

參、解釋性行政規則

公平交易法第25條屬補充條款，係以不確定法律概念定之，主管機關基於執行法律之職權，就此等概念，得訂定必要之解釋性行政規則，以

---

[89] 智慧財產及商業法院104年度民商上字第18號民事判決。
[90] 最高法院105年度台上字第81號民事判決。

為行使職權、認定事實、適用法律之準據；且依該法第42條規定，足徵法律就此處罰，已有明文就違反公平交易法第25條規定之事業，明定得予處罰，故主管機關依該條概括規定，訂定加盟資訊揭露處理原則，以作為適用之範圍，依法有據。況交易資訊透明化，本質在於公開交易資訊，使處於交易弱勢地位之交易相對人可藉由主管機關矯正事業不正競爭手段之方式，衡平雙方交易地位[91]。

肆、例題解析

一、比較廣告

　　所謂比較廣告者，係指事業為誘使潛在之顧客購買其提供之商品或服務時，其從事之媒體廣告時，除宣揚自身商品或服務有諸多優點外，亦主動或被動比較競爭者之商品或服務，以貶抑他人以彰顯自己[92]。準此，A國際股份有限公司於廣告刊載「銀行公會協商機制與A忠訓國際協商機制之比較表」，其以不相當之債務協商制度為比較對象，並隱匿重要交易資訊，片面截取被比較對象之債務協商內容，為足以影響交易秩序之欺罔與顯失公平之行為。本概括條款規範之「欺罔」或「顯失公平」等不確定法律概念，係立法時保留與行政機關裁量餘地，使主管機關得依據實際具體個案情形，以其專業知識，作是否違法之判斷，此為行政判斷餘地之精神與內涵所在[93]。行政機關對於該不確定之法律概念，有一定之決定空間，擁有最終之評價與認定，法院應自我約束與予以尊重，盡量避免以自己之價值判斷取代行政機關之價值判斷，不為高密度之介入審查。

---

[91] 最高行政法院101年度判字第686號行政判決。
[92] 劉孔中，公平交易法，元照出版有限公司，2005年1月，初版2刷，頁359。
[93] 最高行政法院95年度判字第93號行政判決。

二、真品平行輸入

　　眞品平行輸入與仿冒之構成要件不符，不違反公平交易法第22條規定。而眞品平行輸入是否違反公平交易法第21條規定，須視平行輸入者之行爲事實，是否故意造成消費大眾誤認其商品來源爲斷。職是，貿易商自國外輸入已經原廠授權代理商進口或製造商生產者，因國內代理商投入大量行銷成本或費用致商品爲相關消費者所共知，倘貿易商對於商品之內容、來源、進口廠商名稱及地址等事項，以積極行爲使消費者誤認係代理商所進口銷售之商品，此係謂故意搭便車行爲，其涉及公平交易法第25條所定之欺罔或顯失公平行爲[94]。

三、不當仿襲商品外觀

　　事業以攀附他人聲譽或不當仿襲他人商品外觀，以他人外觀設計與行銷投入，即屬謀取他人努力成果之行爲，不符合商業競爭倫理，縱使未違反公平交易法第22條規定，惟對於被仿襲之事業言，亦造成相當之損害，違反市場公平競爭與交易秩序機制[95]。C公司爲製造潤膚乳液之廠商，其商品之按壓瓶容器與外包裝標籤，抄襲B公司商品之外觀，而B公司已投入相當程度之努力，積極推銷其商品，其於市場上擁有一定之經濟利益。C公司不進行其商品之外觀設計，以作爲提昇其競爭優勢或地位之方法，反以高度抄襲B公司商品之獨特外型，藉以攀附B公司商品外觀與其廣告效果，從事其商品行銷，致交易相對人誤以爲C公司商品屬B公司商品同一來源或同系列商品，該高度抄襲行爲係榨取B公司之努力，以求推展C公司商品，對B公司商品市場之整體交易秩序與市場占有造成損害，具有商業競爭倫理之可非難性，足以影響公平競爭賴以維繫之交易秩

---

[94] 公平交易委員會1992年4月22日公研釋字第3號函。
[95] 最高行政法院94年度判字第479號、95年度判字第808號行政判決。

序（公平交易法第25條）[96]。

伍、相關實務見解

一、違反保護他人權益為目的之法律

事業不得為其他足以影響交易秩序之欺罔或顯失公平之行為，為維護交易秩序與消費者利益，確保公平競爭，促進經濟之安定，防止不公平競爭或不正競爭行為發生而設之涵蓋性規範（公平交易法第25條）。倘事業利用其市場上與相關消費者資訊不對等之相對優勢地位，以積極欺罔或消極隱匿重要交易資訊引人錯誤之方式或其他顯失公平之手段，從事不公平交易行為，使相關消費者之權益遭受損害，而足以影響交易秩序者，自可認為係該當於民法第184條第2項所規定之行為，構成以違反保護他人權益為目的之法律，而有該條項規定之適用[97]。

二、註銷網域名稱登記

(一)網域名稱為事業資產而具有商業利益

所謂網域名稱，係指網路世界身分證或網路世界之地址（IP Address），每部電腦主機有其唯一之網域名稱，無法複製。國際上對於網域名稱之處理採先申請先使用或先到先選原則。其與我國商標法採先申請先註冊主義，具有相同之意旨，使得網域名稱與電子商務結合，成為企業之重要資產。參諸數位化時代之來臨，網路廣告依相關消費者搜尋特定產品或關鍵字之習性，將廣告主網址或廣告連結至相關消費者之搜尋結果頁面，相較於電視與平面廣告等傳統行銷模式，網路廣告具有成本較低與投資報酬易於掌握等優勢，益使網域名稱成為競相搶先註冊之商業利益。

---

[96] 智慧財產及商業法院99年度民公訴字第6號民事判決。
[97] 最高法院103年度台上字第1242號民事判決。

查被上訴人明知上訴人擔任負責人之A公司早已使用5A商標於翻譯服務，並於2015年10月11日註冊「www.5A.com.tw」網域名稱，並在網頁上使用「5A翻譯」招攬業務，被上訴人自A公司離職後，註冊大量近似於5A商標之網域名稱及在網頁使用「5A」，高度抄襲近A公司之網域名稱與網頁，自會造成相關消費者有混淆誤認兩者屬同一來源、同系列產品或關係企業，不僅對於上訴人造成不公平競爭外，亦影響相關消費者之權利，構成公平交易法第25條規定之足以影響交易秩序之欺罔或顯失公平之行為。

(二)排除侵害請求

在電子商務之發展下，網域名稱係網際網路交易架構中之重要一環，其得使網路使用人經由網址，知悉該網站所提供之服務或資訊，此發展對商標權人有重大影響。查被上訴人上開之行為阻礙上訴人進入網際網路市場爭取交易機會，違反競爭效能，影響交易秩序而顯失公平。準此，上訴人依公平交易法第29條規定之排除侵害請求，主張被上訴人不得使用其網域名稱，並應向財團法人臺灣網路資訊中心辦理註銷網域名稱登記，為有理由[98]。

三、事業高度抄襲知名商品之外觀或表徵

公平交易法第25條之交易秩序，係指符合善良風俗之社會倫理及效能競爭之商業競爭倫理之交易行為。而判斷足以影響交易秩序時，應考量是否足以影響整體交易秩序或有影響將來潛在多數受害人效果之案件，倘單一個別非經常性之交易糾紛，則應尋求民事救濟，不適用本條規定。同條之顯失公平，係指以顯失公平之方法從事競爭或商業交易而言。倘事業以高度抄襲他人知名商品之外觀或表徵，積極攀附他人知名廣告或商譽等

---

[98] 智慧財產及商業法院104年度民商上字第18號民事判決。

方法，榨取其努力成果，或以積極欺瞞或消極隱匿重要交易資訊，而足以引人錯誤之方式，從事交易之行為，依整體交易秩序綜合考量，認已造成民事法律關係中兩造當事人間，利益分配或危險負擔極度不平衡之情形時，固可認為與上開條文規定合致。惟事業之行為並無欺罔或顯失公平，或對市場上之效能競爭無妨害，或不足以影響交易秩序者，則無公平交易法第25條之適用[99]。

四、調和專利法與公平交易法

專利保護期間屆滿後，已無排他性或獨占性之專利權存在，不再受專利法所保護。就法律體系及政策而言，專利法對專利權設有一定之保護期限，在保護期限內，充分給予專有製造及販賣之權利，惟其期限屆滿，該項專利即屬公共財產，自不應再以公平交易法為過渡之保護，否則不僅與專利法賦予專利一定期間保護之目的相違背，且喪失避免專利權過於浮濫，造成社會進步障礙之因素[100]。

---

[99] 最高法院105年度台上字927號民事判決。
[100] 最高行政法院92年度判字第1649號行政判決。

第六章

法律責任

關鍵詞：管制罰、行為人、過失責任、行政處分、兩罰原則、整體經
　　　　濟利益、先行政後司法

違反公平交易法者，其涉有民事、行政及刑事責任，公平交易法為民法、刑法或行政法之特別法，應優先適用之。而民事事件、刑事案件及行政事件之管轄法院，則有普通法院、行政法院及智慧財產及商業法院。

第一節　民事責任

行為人違反公平交易法之規定，導致他人權益受損，被害人除得行使禁止請求權外，對行為人請求損害賠償之範圍有財產上、非財產上及懲罰性等損害賠償請求權（見表6-1）。

表6-1　權益受損之損害賠償請求權

民事救濟	法條	說明
禁止侵害請求權	公平交易法第29條	無過失責任
損害賠償請求權	公平交易法第30條	過失責任
損害賠償之計算方式	公平交易法第30條、第31條第2項；民事訴訟法第222條第1項	具體損害計算說、侵害人所得淨利、契約約定說、法院酌定說
懲罰性損害賠償	公平交易法第31條第1項	故意侵害行為
請求權消滅時效	公平交易法第32條	2年或10年
回復名譽之方式	公平交易法第33條	判決書一部或全部登報
業務之信譽保護	民法第195條	非財產上之損害賠償
連帶損害賠償責任	公平交易法第21條第5項；公司法第23條第2項；民法第28條、第185條	事業、負責人、代表權人、廣告代理人、廣告媒體業、廣告薦證者

例題27

A公司認為B與C公司侵害其新型專利權，其先向法院聲請假扣押准許在案，於未經專利專責機關認定前，逕以保護專利權為由，發函警告B與C公司，告知其等製造及銷售之物品，侵害其新型專利權等情。而該警告函除未具體指明侵權之範圍外，並假藉保全處分之執行名義，積極使第三人誤認B與C公司已遭法院判決侵害A公司專利權，並禁止生產侵害專利產

品情事。A公司進而至B與C公司所屬經銷商之銷售現場，加以現場干擾，導致部分經銷商要求B或C公司出具擔保、切結書，或者逕行退貨、拒絕付款。試問A公司之上揭行為，是否為行使專利權之必要行為？

壹、管轄法院

一、第一審法院

公平交易法所保護之智慧財產權益所生之第一審及第二審民事訴訟事件，均智慧財產及商業法院管轄。對於第一審民事裁判不服而上訴或抗告者，向管轄之智慧財產及商業法院為之，具有專屬管轄權（智慧財產及商業法院組織法第3條第1款、第4款；智慧財產案件審理法第9條）。除當事人依民事訴訟法第24條、第25條規定以合意管轄或擬制合意管轄外，公平交易法有關智慧財產權益保護事件，應由智慧財產及商業法院管轄，原告向普通法院起訴，普通法院認屬智慧財產案件，應以無管轄權移送智慧財產及商業法院[1]。所謂公平交易法有關智慧財產權益保護事件，係指違反公平交易法第22條之仿冒行為、第21條之虛偽不實記載或廣告、第25條之不當行使智慧財產權而妨礙公平競爭者。其餘違反公平交易法所生之民事事件，非涉及智慧財產權爭議，即由普通之民事法院管轄，智慧財產及商業法院無優先管轄權。

二、第二審法院

公平交易法所保護之智慧財產權益所生之第一審民事事件，雖非由智慧財產及商業法院專屬管轄。故為統一法律見解，其上訴或抗告自應由專業之智慧財產及商業法院受理。準此，智慧財產及商業法院為第二審專屬

---

[1] 最高法院98年度台抗字第483號民事裁定。

管轄法院，普通法院無管轄權（智慧財產案件審理法第47條）[2]。

貳、當事人

　　公平交易法之民事事件當事人有請求權人與賠償義務人，凡因違反公平交易法之行為而受損害人或事業，均可為民事之請求權人。依據公平交易法第30條、第31條規定，損害賠償義務人應為違反公平交易法之事業。公司負責人對於公司業務之執行，有違反公平交易法致他人受有損害時，對他人應與公司負連帶賠償之責（公司法第23條第2項）。倘事業為法人時，對於其董事或其他有代表權之人因執行職務有違反公平交易法，致他人受有損害，事業與該行為人連帶負賠償之責任（民法第28條）。再者，除廣告代理人、廣告媒體業、廣告薦證者與廣告主就不實廣告或代言，負連帶賠償責任外（公平交易法第21條第5項）。倘有二以上事業違反公平交易法時，得依民法第185條規定，課予共同侵害之事業，負連帶損害賠償責任。

參、禁止侵害請求權

一、無過失責任

　　事業違反本法之規定，致侵害他人權益者，被害人得請求除去之；有侵害之虞者，並得請求防止之，此稱禁止請求權（公平交易法第29條）。其具有事先迅速制止侵害行為及防範侵害行為於未然之功能，對於被害人之保護較為周密，可減免其損害之發生或擴大。因排除侵害及防止侵害請求權，僅要有侵害或侵害之虞等事實發生，即可主張之，故不考慮其主觀可歸責之要素，是不以事業有故意或過失為要件。

---

[2] 智慧財產及商業法院108年度民公上字第4號民事判決。

二、請求類型

　　禁止侵害請求權係以現在及將來之侵害為對象，僅要有侵害或危險存在，被害人均得對事業行使禁止侵害請求權，故並無時效消滅之適用。禁止侵害請求權之排他態樣可分排除侵害請求權及防止侵害請求權，茲說明如後：

(一)排除侵害請求權

　　所謂排除侵害請求權，係指侵害已經發生，請求排除其侵害。例如，事業濫發智慧財產遭侵害之警告函，造成他人信譽受損，該被害人即可請求該事業停止散布警告函之侵害行為。

(二)防止侵害請求權

　　所謂防止侵害請求權，係指侵害尚未發生而有侵害之虞者，得請求防止之。例如，有客觀事實認定事業意圖散發警告函於相關消費者，該準備行為即有侵害他人信譽之虞，自得請求防止侵害行為之發生。

肆、損害賠償請求權

一、過失責任主義

　　事業違反本法之規定，致侵害他人權益者，應負損害賠償責任，該賠償機制具有預防與遏止功能（公平交易法第30條）。我國公平交易法於侵害他人權益之損害賠償責任，設有特別規定，應優先適用之。因侵害他人權益亦屬侵權行為之類型，倘公平交易法對損害賠償之範圍，未有特別規定，自得適用民法有關於侵權行為之規範[3]。原則上，損害賠償責任係採過失責任，除非法有明文。例如，消費者保護法明文規定適用無過失責任。準此，公平交易法第30條應採過失責任。侵害權益者包括經濟利益

---

[3] 王澤鑑，侵權行為法，第1冊，三民書局股份有限公司，1998年12月，3刷，頁192至193。

與營業利益，因破壞競爭秩序之情事，屬通常無法回復原狀或回復顯有重大困難者，故以金錢賠償為原則，係以回復原狀為例外，該賠償方式與民法規範相反（民法第213條）。

二、損害賠償之計算方式

(一)侵害人所得淨利

　　侵害人因侵害行為受有利益者，被害人得請求專依該項利益計算損害額，此為損害額之推定（公平交易法第31條第2項）。所謂侵害行為受有利益，係指侵害人因侵害所得之毛利，扣除實施侵害行為所需之成本及必要費用後，所獲得之淨利而言，此稱總利益說。而有學者主張參照商標法第63條第1項第2款後段規定，該利益應為毛利而非淨利[4]。

(二)具體損害計算說

1. 所受損害與所失利益

　　依據民法第216條規定，除法律另有規定或契約另有訂定外，應以填補債權人所受損害及所失利益為限（公平交易法第30條）[5]。申言之：(1)所謂所受損害，係指現存財產因損害事實之發生而被減少，該損害與責任原因具有因果關係存在者，其屬於積極損害。例如，因事業濫發警告函而導致受害人之商品滯銷，此為積極之損害；(2)所謂所失利益，係指新財產之取得，因損害事實之發生而受妨害，倘無責任原因之事實，即能取得此利益，因有此事實之發生，導致無此利益可得，其屬於消極損害[6]。例如，因事業濫發警告函，導致被害人銷售之物品，其市場占有率降低。依通常情形，或依已定之計劃、設備或其他特別情事，可得預期之利益，視

---

[4] 黃銘傑，公平交易法民事責任，智慧財產專業法官培訓課程，司法院司法人員研習所，2006年5月，頁13。
[5] 最高法院52年台上字第2139號民事判決。
[6] 最高法院48年台上字第1934號、98年度台上字第776號民事判決。

為所失利益，此為侵權行為之法定賠償範圍。

2. 法定賠償之特殊範圍

所謂於法律另有規定，係指法定賠償之特殊範圍。例如，民法第217條規定之過失相抵、第218條規定之因重大影響生計而酌減賠償金額。所謂契約另有約定，係指損害發生之前或之後所約定之損害賠償範圍[7]。至於被害人為舉證證明所受之損害及所失利益，法院得依民事訴訟法有關規定辦理，即法院認為有必要者，亦得依據被害人之聲請，就其舉證證明所受之損害及所失利益，囑託專業機構鑑定之（民事訴訟法第340條第1項）。

三、法院酌定說

倘依外部客觀情事觀之，足認其可預期取得之利益，因責任原因事實之發生，致不能取得者，即可認為係所失之利益。是此項所失利益具有繼續性之狀態，應就債權人在該繼續期間所可預期取得之利益，綜合加以評估調查，不能單以一時一地所失之利益作為認定之標準。不能證明債權人在該繼續期間可取得利益之數額或證明顯有重大困難者時，得依民事訴訟法第222條第2項規定，由法院審酌一切情況，依所得心證定其數額[8]。

四、消滅時效

損害賠償請求權之時效，自請求權人知有行為及賠償義務人時起，2年間不行使而消滅；自為行為時起，逾10年者亦同（公平交易法第32條）。自請求權人知有損害時起之主觀「知」之條件，倘係一次之加害行為，致他人於損害後尚不斷發生後續性之損害，該損害為屬不可分，或為

---

[7] 孫森焱，民法債編總論，三民書局股份有限公司，1990年10月，頁327至328。
[8] 最高法院102年度台上字第837號民事判決。

一侵害狀態之繼續延續者，固應分別以被害人知悉損害顯在化或不法侵害之行為終了時起算其時效。惟加害人之侵權行為持續不斷，致加害之結果或損害持續發生，倘各不法侵害行為及損害結果係現實各自獨立存在，並可相互區別者，被害人之損害賠償請求權，即隨各該損害不斷漸次發生，自應就各該不斷發生之獨立行為所生之損害，分別以被害人已否知悉而各自論斷其時效之起算時點，始符合規範消滅時效規範之本旨，並兼顧法秩序安定性及當事人利益平衡[9]。

伍、業務之信譽保護

業務之信譽保護之主體，包括自然人及法人，不法侵害他人之業務信譽者，屬民法第195條規定之不法侵害他人信用之人格權，係對權利人之經濟上評價之侵害，其係廣義之名譽權[10]。準此，事業以警告函散布足以損害他人營業信譽之不實情事，導致他人之信譽減損，被害人自得請求核定相當賠償金額，法院依據受侵害情節及當事人間之資力等情事，認為信譽損害之賠償金額。

陸、懲罰性損害賠償

法院因事業違反本法之規定，導致侵害他人權益，被害人請求賠償，倘屬事業之故意行為，得依侵害情節，酌定損害額以上之賠償。但不得超過已證明損害額之3倍（公平交易法第31條第1項）。所謂故意者，係指事業就行為之故意，並非結果之故意，故事業有意達到反市場競爭之目的即屬相當[11]。原則上，民事之損害賠償不區分行為人之主觀惡性，雖不

---

[9] 最高法院94年度台上字第148號民事判決。
[10] 最高法院90年度台上字第2109號民事判決。
[11] 黃銘傑，公平交易法民事責任，智慧財產專業法官培訓課程，司法院司法人員研習所，2006年5月，頁10。

論行爲人是否爲故意或過失。惟量定懲罰性賠償（punitive damages）金額，則須以行爲人主觀惡性爲依據，其重視被告行爲之反社會性（anti-sociality）及主觀道德上之可歸責性[12]。此爲英美法上之特有賠償類型，可抑制行爲人侵害他人權利之動機，其非屬損害補償性質之賠償（non-compensatory damages）。準此，公平交易法爲保護被害人，對於故意行爲者，因其具有應非難之惡劣心態，得令其負償懲罰性賠償責任，較過失行爲人負擔較重之損害賠償責任。

柒、回復名譽之方式

一、判決書登載請求權

爲使被害人之權利受到較周全之保護及訴訟經濟之便，被害人依公平交易法之規範，向法院起訴時，得請求由侵害人負擔費用，將判決書內容登載新聞紙（公平交易法第33條）。換言之，被害人得於民事請求損害賠償之訴訟程序中，得一併提出請求登載新聞紙之聲明，由法院於判決主文一併諭知，不需於終審法院或判決確定後另行提出。

二、應審酌侵害情節與比例原則

被害人請求侵害人負擔費用，將判決書內容登載新聞紙。目的在於維護權利人之信譽，而賦予被害人請求爲回復信譽之適當處分。其有關法院對回復名譽之處分，其有限制加害人不表意自由之情形，故應就不法侵害人格法益情節之輕重與強制表意之內容等因素，審愼斟酌而爲適當之決定，以符合憲法第23條所定之比例原則。所謂適當之處分，係指該處分在客觀上足以回復被害人之名譽或信譽，且屬必要者而言，法院應審

---

[12] 謝哲勝，財產法專題研究（2），元照出版社，1999年1月，懲罰性賠償，頁7。

酌具體個案情節，判斷是否有必要性[13]。申言之，登報請求權就登報方法及範圍，如何始為適當，法院應參酌被害人之請求及其身分、地位、被害程度等各種情事而為裁量。是侵害權利之損害賠償額與支出判決書之登報費用，兩者均屬行為人應負之民事責任，倘被害人之損害已獲得適當之補償，自無必要再命行為人負擔費用，將判決書內容全部或一部刊登在新聞紙。登報費用與侵害權利所生之損害賠償間，兩者必須相當，始符合公平原則。職是，法院應審酌具體個案情節，判斷其刊登之方式與內容，是否有為必要之範圍，始可謂適當處分[14]。例如，法院審酌被上訴人就其違反公平交易法之行為，已對上訴人負新臺幣50萬元之金錢賠償責任，且法院判決書全文已公告於司法院網站，任何人均得上網查詢，社會大眾已足以暸解判決之內容，可回復上訴人之商譽損害，況侵害情節尚非重大。準此，認為金錢賠償已足以填補或回復上訴人所受之損害，並無再命被上訴人將判決書刊登報紙之必要性[15]。

捌、例題解析——禁止概括條款

一、不正行為之禁止

A公司認為B公司及C公司侵害其新型專利權，固自得依據專利法第96條、第120條保護其專利權。然A公司未經法院、專利專責機關或鑑定機關認定前，遽以保護專利權為由，除發函警告B公司及C公司製造及銷售之物品，侵害其新型專利權，並至渠等公司之經銷商之銷售現場，加以現場干擾，顯已逾越行使專利法正當權利之必要程度，該等足以影響交易

---

[13] 大法官會議釋字第656號解釋；最高法院99年度台上字第1259號、101年度台簡字第9號民事判決；智慧財產及商業法院105年度民著上字第4號民事判決。
[14] 智慧財產及商業法院107年度民商上字第3號民事判決。
[15] 智慧財產及商業法院104年度民商上字第18號民事判決。

秩序而顯失公平，具有商業競爭倫理非難性（公平交易法第25條）[16]。

二、禁止權利濫用原則

　　為兼顧智慧財產權人之保護與公平交易法對競爭秩序之維護，應視智慧財產權之行使或保護之手段，是否顯然逾越正當範圍而構成權利濫用。準此，公平交易法第45條規定，依照著作權法、商標法或專利法行使權利之正當行為，不適用本法之規定。反之，倘有權利濫用之情事，則應受公平交易法之規範。準此，A公司所發信函內容，未就專利權之範圍及關係人如何具體侵害其專利之具體事實予以明確表示，而僅假藉保全處分之執行名義，積極使第三人誤認B公司與C公司已遭法院判決，有侵害原告專利權及禁止生產侵害專利產品情事。該警告函顯有誇大其專利權之範圍及不實陳述，而影射其競爭對手非法侵害其專利權，其行為顯已逾越法律規定保護專利權之必要程度，自非行使權利之正當行為，屬權利濫用之行為，自應受公平交易法之規範至明，A公司應負民事賠償責任[17]。

玖、相關實務見解──排除侵害請求權

　　原告主張非凡出版社係成立於1989年5月9日之出版社，迄今逾20年，期間發行無數讀物，更發行有「非凡商業週刊」與「非凡新聞週刊」，享有高度之知名度，原告亦早於1999年7月1日將「非凡」申請註冊為商標，「非凡」二字在財經商業領域之出版品、新聞報導、資訊傳遞已成為眾所周知之商品或服務來源之表徵之情形，應有知悉，被告竟以「非凡出版社」為其公司中文特取名稱，並使用「RICH 達人雜誌」文字。而「RICH 達人雜誌」發行人本名羅○○，被告刻意取外名為「羅

---

[16] 最高行政法院90年度判字第653號行政判決。

[17] 最高行政法院86年度判字第1557號行政判決；最高行政法院87年度裁字第826號行政裁定。

傑」，使與原告非凡出版社前出版「做空賺得快」乙書之作者「羅傑」同
名，而該書作者「羅傑」復曾多次為原告經營之非凡電視台之特別來賓，
實係欲讓讀者誤認「RICH 達人雜誌」，亦為原告所提供之商品或服務，
故被告此舉，顯有攀附原告多年努力所獲得之商譽及高度之知名度，使消
費者產生混淆，而有違反公平交易法第22條第1項第1款、第2款規定。原
告依公平交易法第29條規定，請求禁止被告使用相同或近似於「非凡出
版社」名稱作為其公司中文名稱之特取部分，被告應向臺北市政府申請變
更其公司中文名稱特取部分為「非凡出版社」以外之名稱，為有理由，應
予准許[18]。

第二節　行政責任

　　事業違反公平交易法，公平交易委員會得課以行政處分，其有罰鍰、
禁止結合、命令停止、改正或更正、命令停止營業、勒令歇業或解散、命
刊登更正廣告等類型。

表6-2　違反公平交易法之行政處分

行政處分	說明
罰鍰	違反結合行為、禁止行為、公平交易委員會之調查等規範。
禁止結合	限制競爭之不利益大於整體經濟利益。
命令停止、改正及更正	命令停止行為、命令改正行為、命採取必要更正措施。
命令停止營業、勒令歇業或解散	違法結合行為。
行政執行罰	按次連續處罰，無一事不二罰之適用。

---

[18] 智慧財產及商業法院98年度民公訴字第5號民事判決。

例題28

供應商甲與經銷商乙簽訂經銷契約書,其除約定承銷價、建議批發價及建議市價外,其經銷契約亦明定經銷商應繳納履約保證金予供應商,倘經銷商有擅自越區銷售商品、私自向他人調貨、破壞市場行情、擾亂銷售價格等行為時,供應商得依經銷契約,沒收履約保證金,以作為懲罰性違約金。試問是否該懲罰性違約金約定,有無違反公平交易法?

例題29

A化學製藥股份有限公司以誇張之不實廣告,宣傳治療疾病之藥品療效,導致相關消費者誤信。試問A公司有何行政責任?公平交易委員會應如何處理?

壹、管轄法院

對主管機關依本法所為之處分或決定不服者,直接適用行政訴訟程序(公平交易法第48條第1項)。詳言之,公平交易法涉及智慧財產權所生之第一審行政訴訟事件,由智慧財產及商業法院管轄(智慧財產及商業法院組織法第3條第3款、第4款;智慧財產案件審理法第68條第1項第1款)。智慧財產及商業法院管轄有關公平交易法之行政訴訟事件,係指涉及違反公平交易法仿冒智慧財產標的為不公平競爭,所生公法上爭議事件,具有管轄權(智慧財產案件審理細則第5條第1項第9款、第7條)。審理範圍有公平交易法第22條之不當仿襲智慧財產權標的之不公平競爭事件、公平交易法第25條之濫用智慧財產而妨礙公平競爭及其他

涉及智慧財產權爭議者[19]。例如，甲、乙、丙公司將渠等所研發有CD-R及CD-MO專利組成專利聯盟授權丁公司實施專利，因違反公平交易法第9條第2款及第4款規定之事證明確，公平交易委員會同法第34條前段規定，以行政處分命其立即停止上開違法行為，並各處以罰鍰新臺幣350萬元[20]。其餘違反公平交易法所生之公法爭議事件，倘非涉及智慧財產權爭議，應由臺北高等行政法院管轄，智慧財產及商業法院並無管轄權（行政訴訟法第13條第1項）。

貳、罰鍰處分

公平交易法第2條就事業加以定義，其有設定公平交易法之責任主體，故公平交易委員會所為行政處分之對象應為事業。公平交易法第六章之罰則內容，處罰規定可分三部分：違法公平交易法禁止行為、未經許可之事業結合及拒絕公平交易委員會之調查。罰鍰係行政機關於法律授權範圍內，依據立法目的對於違反相關行政義務者，所為之經濟性制裁，其係運用最廣及最簡便之行政制裁手段。公平交易法採取罰鍰之規定有四：

一、違反事業結合

公平交易委員會就未提出結合申報、違反結合期間、禁止結合而結合、未履行結合所附加負擔、申報事項不實等結合行為，得處以罰鍰（公平交易法第39條）[21]。茲說明如後：

(一)結合事業申報之要件

事業結合時，有下列情形之一者，應先向中央主管機關提出申報：

---

[19] 2008年4月24日司法院指定智慧財產法院管轄之民事、行政訴訟事件令。
[20] 智慧財產及商業法院100年度行公訴字第3號、第4號、第5號行政判決。
[21] 公平交易委員會2018年6月8日公處字第107040號處分書。

1.事業因結合而使其市場占有率達1/3者；2.參與結合之一事業，其市場占有率達1/4者；3.參與結合之事業，其上一會計年度之銷售金額，超過中央主管機關所公告之金額者（公平交易法第11條第1項）。故符合事業結合之申報要件者，應先向中央主管機關提出申報。同理，事業申報後經中央主管機關禁止其結合而為結合，亦得處以罰鍰。

(二)禁止結合之期間

　　事業自中央主管機關受理其提出完整申報資料之日起30日內，不得為結合。例外情形，係中央主管機關認為必要時，得將該期間縮短或延長，並以書面通知申報事業（公平交易法第11條第7項）。例如，A有線電視股份有限公司與B有線電視股份有限公司，係經常共同經營或受他事業委託經營有線電視播送業務之事業結合，渠等於結合申報等待期間逕為結合，其違反公平交易法[22]。

(三)未履行結合

　　中央主管機關對於第11條第4項申報案件所為之決定，得附加條件或負擔，以確保整體經濟利益大於限制競爭之不利益。事業未履行結合所附加之負擔。例如，公平交易委員會許可A、B及C等三家筆記型電腦公司之聯合行為，其為消除可能造成限制競爭或不公平競爭之疑慮，依據公平交易法第16條第1項規定，許可結合處分有附加資訊透明化、合理授權、自由參與及意見表達、不得獨家供應及不得從事其他聯合行為等條件與負擔[23]。

(四)申報事項不實者

　　經申報之事業同意再延長審查許可期間，事業在該等待期間，不得逕行結合；或事業之申報事項有虛偽不實者，事業不得逕行結合，違反者得

---

[22] 公平交易委員會2004年4月1日公處字第093037號處分書。
[23] 公平交易委員會2006年4月26日公聯字第095001號許可決定書。

處以罰鍰（公平交易法第11條第9項但書）。

二、違反公平交易法之規範

公平交易委員會對於違反本法規定之事業，得限期命其停止、改正其行為或採取必要更正措施，並得處以罰鍰，逾期仍不停止、改正其行為或未採取必要更正措施者，得繼續限期命其停止、改正其行為或採取必要更正措施，並按次連續處以罰鍰，至停止、改正其行為或採取必要更正措施為止（公平交易法第40條）。例如，公平交易委員會曾認為A石化公司與B石化公司，以公開方式傳遞調價資訊之意思聯絡，形成同步與同幅調價之行為，足以影響國內油品市場之價格及供需機能，違反公平交易法第15條第1項本文聯合行為之禁制規定。經衡酌其違法行為動機、目的、對交易秩序之危害程度等因素，爰依同法第41條前段規定處以罰鍰[24]。

三、違反公平交易委員會之調查

公平交易委員會依第27條規定進行調查時，受調查者於期限內如無正當理由拒絕調查、拒不到場陳述意見，或拒不提出有關帳冊、文件等資料或證物者，處以罰鍰；受調查者再經通知，無正當理由連續拒絕者，公平交易委員會得繼續通知調查，並按次連續處以罰鍰，至接受調查、到場陳述意見或提出有關帳冊、文件等資料或證物為止（公平交易法第44條）[25]。

四、同業公會或其他團體為違法行為

同業公會或其他團體為違法行為時，除得對該組織論處違法責任外，

[24] 公平交易委員會2004年10月21日公處字第093102號處分書。
[25] 公平交易委員會2013年1月31日公處字第102017號處分書。

因違法行爲常係透過該組織之多數成員以決議或其他方式共同爲之，是參與作成違法行爲之合意形成、或執行違法行爲之成員，實際上亦爲違法行爲之主體。爲避免同業公會或其他團體之成員藉組織遂行違法行爲，圖冀免法律責任，得對參與違法行爲之成員予以併罰，以收嚇阻及制裁之效（公平交易法第43條本文）。例外情形，係成員能證明其不知、未參與合意、未實施違法行爲，或在主管機關開始調查前即停止該違法行爲者，因其並非行爲主體，或已在主管機關調查前即自行停止爲違法行爲，則不在併罰之列（但書）。

五、量處罰鍰之審酌因素

依公平交易法量處罰鍰時，應審酌一切情狀，並注意下列事項：(一)違法行爲之動機、目的及預期之不當利益；(二)違法行爲對交易秩序之危害程度；(三)違法行爲危害交易秩序之持續期間；(四)因違法行爲所得利益；(五)事業之規模、經營狀況及其市場地位；(六)以往違法類型、次數、間隔時間及所受處罰；(七)違法後改正行爲及配合調查等態度（公平交易法施行細則第36條）。例如，事業利用消費者資訊不對等之弱勢地位，要求先給付定金，始提供契約書供審閱，致使交易相對人在資訊未透明化之情況爲交易決定，爲足以影響交易秩序之顯失公平行爲，核已違反公平交易法第25條規定。故事業以不當行銷方式促銷其會員卡，並於消費者審閱承購合約前即要求給付定金，爲影響交易秩序之欺罔及顯失公平行爲，審酌事業違法行爲之動機、目的、預期不當利益、對交易秩序之危害程度、持續期間、所得利益、事業經營狀況、市場地位、以往違法情形、違法後改正行爲及配合調查態度等情狀，併考量違法行爲曾經導正，爰依公平交易法第42條前段規定處新臺幣300萬元罰鍰[26]。

---

[26] 公平交易委員會2005年5月9日公處字第094046號處分書。

六、裁處權之時效

限制競爭行為案件中，參與事業多係具市場力量，以其強大之經濟力量攫取超額利潤，限制相關事業活動，長期而言，將損害經濟資源之利用效率，形成社會損失，故各國競爭法均加強規範之。而實務上該類型案件，因事實較為複雜，相關違法事證之直接證據取得困難，需蒐集其他間接證據以補強說明，調查程序曠日費時，並需運用經濟分析，以證明該等違法行為之存在及其對市場效能競爭構成損害；倘依行政罰法第27條規定之3年裁處權時效，主管機關常無法及時妥為調查蒐證及研析評估，對執法成效造成嚴重影響，故就本法限制競爭行為，裁處權時效規定為5年。職是，第39條與第41條規定之裁處權，因5年期間之經過而消滅（公平交易法第41條）。

七、訴願機關

鑑於中央行政機關組織基準法第3條第2款定義，獨立機關為依據法律獨立行使職權，自主運作，除法律另有規定外，不受其他機關指揮監督之合議制機關。因人民不服公平交易委員會作成之行政處分或決定時，因公平交易法及其他法規就其訴願管轄並無特別規定，而公平交易委員會係行政院所屬之行政機關，其層級相當於部會等之二級機關，故依訴願法第4條第7款規定，應由行政院管轄之。

參、禁止結合處分

有關結合許可之考慮因素，公平交易委員會主要考慮之判斷標準有二：整體經濟利益與限制競爭之不利益（公平交易法第13條第1項）。茲說明如後：

一、整體經濟利益

所謂整體經濟利益，係指規模經濟效益、技術效率、結合後生產因素與產品售價降低程度、結合事業中有無垂危事業而言等因素。

二、限制競爭不利益

所謂限制競爭不利益，係指結合後事業市場狀態是否達到主管機關公佈獨占事業之標準、市場進入障礙增加程度、結合事業所屬市場之集中變化情形、市場競爭者數目、產品特性[27]。倘結合後之市場，將處以無競爭與獨家經營之狀態，形成市場閉鎖效果（market foreclosure），導致相關消費者並無其他可取代之商品或服務得以選擇，倘嚴重影響市場競爭機能，足認限制競爭之不利益大於整體經濟利益。例如，數家有線電視結合而獨占市場，其逾越合理擴張營運規模，以降低經營成本之必要成本，故公平交易委員會應禁止其等事業結合。

肆、命令停止或變更處分[28]

一、違反態樣

公平交易委員會得限期命令違反公平交易法之事業，停止、改正其行為或採取必要更正措施，該等處置之性質屬管制罰，其重點非處罰違法之事業，目的在於糾正事業破壞市場競爭秩序之行為，使該違法狀態得以終止，為不利之行政處分。公平交易法與其施行細則，就上揭管制罰之規範如後：

---

[27] 張麗卿，公平交易法行政責任與刑事責任專題，智慧財產專業法官培訓課程，司法院司法人員研習所，2006年5月，頁25。

[28] 張麗卿，公平交易法行政責任與刑事責任專題，智慧財產專業法官培訓課程，司法院司法人員研習所，2006年5月，頁28至29。

(一)撤銷聯合行為許可

聯合行為經許可後，倘因許可事由消滅、經濟情況變更或事業逾越許可之範圍行為者，中央主管機關得廢止許可、變更許可內容、命令停止、改正其行為或採取必要更正措施（公平交易法第17條）。

(二)獨占、聯合或仿冒

1. 行政責任與刑事責任

違反第9條之獨占事業不正行為禁止、第15條之聯合行為禁止與例外，經中央主管機關依第40條第1項規定限期命其停止、改正其行為或採取必要更正措施，而逾期未停止、改正其行為或未採取必要更正措施，或停止後再為相同或類似違反行為者，處行為人3年以下有期徒刑、拘役或科或併科新臺幣1億元以下罰金（公平交易法第34條）。

2. 減輕或免除行政責任

違反第15條之事業，符合下列情形之一，並經主管機關事先同意者，免除或減輕主管機關依第40條第1項、第2項所為之罰鍰處分：(1)當尚未為主管機關知悉或依本法進行調查前，就其所參與之聯合行為，向主管機關提出書面檢舉或陳述具體違法，並檢附事證及協助調查；(2)當主管機關依本法調查期間，就其所參與之聯合行為，陳述具體違法，並檢附事證及協助調查（公平交易法第35條第1項）。前項之適用對象之資格要件、裁處減免之基準及家數、違法事證之檢附、身分保密及其他執行事項之辦法，由主管機關定之（第2項）。

(三)妨害公平競爭

違反第19條或第20條規定，經中央主管機關依第40條第1項規定限期命其停止、改正其行為或採取必要更正措施，而逾期未停止、改正其行為或未採取必要更正措施，或停止後再為相同或類似違反行為者，處行為人2年以下有期徒刑、拘役或科或併科新臺幣5,000萬元以下罰金（公平交易

法第36條）。

(四)違法行為之限期停止或改正

公平交易委員會對於違反本法第21條、第23條至第25條規定之事業，得限期命其停止、改正其行為或採取必要更正措施，並得處新臺幣5萬元以上2,500萬元以下罰鍰；逾期仍不停止、改正其行為或未採取必要更正措施者，得繼續限期命其停止、改正其行為或採取必要更正措施，並按次連續處新臺幣10萬元以上5,000萬元以下罰鍰，至停止、改正其行為或採取必要更正措施為止（公平交易法第42條）[29]。

(五)虛偽不實記載或廣告

事業有違反本法第21條第1項、第4項規定之行為，中央主管機關得依本法第41條規定，命其刊登更正廣告（公平交易法施行細則第29條第1項）。前項更正廣告方法、次數及期間，由中央主管機關審酌原廣告之影響程度定之（第2項）。

二、處分類型

(一)命令停止行為

所謂停止者，係制止具體不法行為之繼續存在，目的在於終結不法行為，其為命不作為之行政處分，被處分事業不得再為該類型之不法行為。例如，公平交易委員會依據公平交易法第34條規定，命特定地區之桶裝瓦斯價格，停止聯合調漲桶裝瓦斯價格之行為。

(二)命令改正行為

所謂改正者，係指除去原來違法行為所造成之違法或不當狀態，使其合法化，其為命作為之行政處分，被處分事業不得再為該類型之不法行

---

[29] 公平交易委員會2019年9月2日公處字第108053號處分書。

為。例如，事業違反第19條或第20條規定，公平交易委員會依據公平交易法第36條規定，命事業改正其行為。

(三)命採取必要更正措施

所謂更正者，係指不僅除去原來違法行為所造成之違法或不當狀態外，亦須再進一步以文字表達或澄清事實或為其他必要合法或適當措施，其為命作為之行政處分。例如，事業刊登不實廣告，致有虛偽不實及引人錯誤情事，公平交易法依據公平交易法施行細則第29條規定，命該事業刊登更正啟事。

伍、命令停止營業、勒令歇業或解散

違反公平交易法第11條第1項或第7項規定，公平交易委員會得就違法結合之事業，命令停止營業、勒令歇業或解散（公平交易法第39條第3項規定）。

陸、行政執行罰

行政執行罰之目的，在於促使違反行政上規範而負有公法上金錢義務履行，對負有行為義務而不為之義務人，經由裁處之間接強制方法促義務人履行其義務，公平交易法第40條、第42條、第44條均規定，對於負有行為義務而不作為之行為人，處以按次連續處罰之規定，其為督促行為自動履行之間接強制執行，其性質相當與行政執行法所規定之怠金。申言之，行政機關以強制義務人履行其義務為目的，所課予之金錢給付義務，其性質並非處罰，係使義務人屈服之手段，其與刑罰之罰金或行政秩序罰之罰鍰有所區別，亦稱強制金，其在於貫徹行政目的，並無一事不二罰之適用[30]。

---

[30] 李震山，行政法導論，三民書局股份有限公司，1999年10月，再修訂初版，頁341至348。

柒、例題解析

一、限制轉售價格

(一)市場機制

就價格限制之規範而言，事業對於其交易相對人，就供給之商品轉售與第三人或第三人再轉售時，應容許其自由決定價格（公平交易法第19條本文）。價格應交由市場決定，不應由人為因素作價格管制，事業為轉售價格之行為，其為當然違法，無庸考慮該事業是否具有相當市場地位。

(二)行政處分

經銷契約書除約定承銷價、建議批發價及建議市價外，其經銷契約亦明定經銷商應繳納履約保證金予供應商，倘經銷商有擅自越區銷售商品、私自向他人調貨、破壞市場行情、擾亂銷售價格等行為時，供應商得依經銷契約，沒收履約保證金，以作為懲罰性違約金。此等約定以顯然無關之事項，作為其限制轉售價格之事由，違反轉售價格之自由決定的市場價格機制，為違反公平交易法第19條本文之行為，應依同法第40條第1項規定，公平交易委員會得限期命其停止或改正其行為；逾期仍不停止或改正其行為者，得繼續限期命其停止或改正其行為，並按次連續處以罰鍰，至停止或改正為止[31]。限制轉售價格後之商品價格通常較高，而供應廠商限制轉售價格時，其會考慮所有經銷商之成本，其導致以最無經營效率之經銷商所需成本，作為訂價之基準，作為計算利潤之標準。

二、不實藥品廣告

藥物廣告不得以下列方式為之：(一)假借他人名義為宣傳者；(二)利用書刊資料保證其效能或性能；(三)藉採訪或報導為宣傳；(四)以其他不

---

[31] 最高行政法院90年度判字第1351號行政判決。

正當方式爲宣傳（藥事法第68條）。職是，A藥品公司以誇張之不實廣告，宣傳藥品之療效，公平交易委員會除得依公平交易法第21條、第42條規定，作成行政處分外，行政院衛生署亦得以A藥品公司違反藥事法第68條規定，處新臺幣20萬元以上500萬元以下罰鍰（藥事法第92條第4項）。

捌、相關實務見解──應申報結合而未申報

被處分人甲有線電視股份有限公司、乙有線電視事業股份有限公司及丙有線電視股份有限公司（下各稱甲、乙及丙公司）經常共同經營，合致公平交易法第10條第1項第4款之結合型態，已達同法第11條第1項第2款規定之申報門檻，應申報結合而未申報，違反同法第11條第1項規定。職是，公平交易委員會依公平交易法第39條第1項規定，分別處甲公司新臺幣（下同）100萬元罰鍰、處乙公司50萬元罰鍰、處丙公司30萬元罰鍰[32]。

第三節　刑事責任

刑罰係制裁不法行爲之最終手段，故原則上應以行政權先行判入爲預警，可收適度達到防患於未然之功效，倘仍未改善者，始採取刑罰作爲箝制不法之模式。而公平交易法之犯罪行爲成立，應具備主觀之故意犯意。職是，法院審理之重點，在於行爲人是否知情，知情與否，應依具體個案認定[33]（見表6-3）。

---

[32] 公平交易委員會2014年8月7日公處字第103098號處分書。

[33] 最高法院98年度台上字第260號刑事判決；臺灣高等法院87年度上易字第6059號刑事判決：扣案之商品經鑑定結果，雖認爲定確屬仿冒品，惟被告主觀上既認爲扣案商品並非仿品，自無明知仿冒品而販賣之直接故意可言。

表6-3　刑事制裁

刑事制裁	說明
行政與刑事責任併行	營業毀損之禁止。
先行政後刑事責任	禁止獨占事業不正行為、聯合行為與仿冒行為、妨害公平競爭之行為。
想像競合犯	公平交易法第37條及刑法第310條第1項、第2項、第313條。
兩罰原則	行為人與法人併罰、從屬關係。
法律競合時法條之適用	第35條至第38條之處罰，其他法律有較重之規定者，從其規定（公平交易法第39條）。

例題30

A石油公司係甲國唯一之石油供應業，由A石油公司提供航機之油料，其方式由A石油公司自行出售石油與航空公司，或由經營航機加油業務之加油公司，向A公司購買航空燃油，再為客戶航機加油。B公司欲參與競爭之國內航線加油服務市場，A公司拒絕提供油料。試問A公司之行為是否違反公平交易法？有無刑事責任？

壹、管轄法院

違反公平交易法第9條之獨占事業不正行為、第15條之違法聯合行為、第19條之維持轉售價格、第20條之限制競爭、第24條之損害營業信譽所生之刑事案件，非涉及智慧財產權爭議，即由普通之刑事法院管轄（公平交易法第34條、第36條至第38條）。

貳、行政與刑事責任併行

事業違反公平交易法第24條規定，以陳述或散布不實情事而為競

---

[34] 2011年6月29日修正公布之商標法，行政院定2012年7月1日為施行日期。

爭，致該行為具有倫理之非難性，故直接課以刑事責任，此為行政與司法併行[35]。茲分別說明如後：

一、構成要件

事業不得為競爭之目的，而陳述或散布足以損害他人營業信譽之不實情事（公平交易法第24條）。係為營業毀損之禁止規範，其屬具體危險犯。除應承擔公平交易法第42條之行政責任外，處行為人2年以下有期徒刑、拘役或科或併科新臺幣5,000萬元以下罰金。本罪須告訴乃論（公平交易法第37條）。

二、接續犯

所謂接續犯者，係指數個在同時同地或密切接近之時地，侵害同一法益之行為，因各舉動之獨立性甚為薄弱，社會通念認為無法強行分開，故將之包括視為一個行為之接續進行，給予單純一罪之刑法評價。反之，行為人侵害同一法益之行為，具有獨立性，依社會通念可區隔者，則不應被評價為罪數上之一行為[36]。準此，行為人基於競爭之目的，先後多次陳述或散布足以損害他人營業信譽之不實情事，係基於單一之犯意，接續多次行為，侵害單一法益，應論以接續犯[37]。倘僅有1次散布之行為，因散布行為完成時，其犯罪即屬成立，所散布之文字或圖畫繼續存在，此為狀態繼續，並非行為之繼續[38]。

---

[35] 黃銘傑，公平交易法執法機制之現狀與未來，月旦法學雜誌，186期，2010年11月，頁85。

[36] 智慧財產及商業法院101年度刑智上訴字第9號刑事判決。

[37] 臺灣高等法院94年度上易字第1256號刑事判決；智慧財產及商業法院99年度刑智上更（一）字第30號刑事判決。

[38] 最高法院90年台非字第300號刑事判決。

三、想像競合犯

　　公平交易法第37條第1項之損害營業信譽罪，其同時符合刑法第310條第1項之普通誹謗罪或第2項之散布文字圖畫誹謗罪之犯罪構成要件，其屬一行為觸犯數罪名，其為想像競合犯，應從一重之公平交易法第37條第1項之罪處斷（刑法第55條本文）[39]。申言之，想像競合係指一個行為實現數個犯罪構成要件，侵害數個法益，致有數個犯罪結果之發生，其本質上為數罪。依公平交易法第24條、第37條第1項等規定處罰行為人，係為保護事業在市場上從事競爭、交易之公平性與正當性，保護法益為「商業信譽」個人法益，並兼有社會法益，且犯罪構成要件有「事業為競爭之目的」。而刑法第310條第1項或第2項之誹謗罪之犯罪，係侵害個人名譽法益，其與前開公平交易法之犯罪構成要件並非一致，所侵害之法益亦有不同。故被告為事業而為競爭之目的，以一個散布不實情事行為而侵害兼有社會法益、個人商業信譽法益，暨個人名譽法益，應屬想像競合犯之關係[40]。同理，一行為觸犯損害營業信譽罪與妨害信用罪（刑法第313條），應認為兩者有想像競合犯之關係，即從一重之公平交易法第37條第1項之罪處斷。

四、刑法第313條與第310條第2項

　　所謂法條競合，係指一行為侵害一法益而符合數法條所定犯罪構成要件，觸犯數罪名，因該數罪名所保護者為同一法益，禁止為雙重評價，故僅能適用一法條論罪，而排除其他法條之適用；其本質乃單純一罪，應擇一適用競合之法條。所謂想像競合犯，係指一行為侵害數法益，符合相同

---

[39] 臺灣高等法院88年度上易字第3812號、88年度上更（一）字第119號、100年度上易字第60號刑事判決。
[40] 臺灣高等法院93年度上易字第1225號刑事判決。

或不同之數法條所定犯罪構成要件，應為雙重之評價，論以相同或不同之數罪名，但立法上基於刑罰衡平原理，規定為僅應從一重罪處斷；其本質實為犯罪之競合。刑法第313條之損害信用罪，係損害他人之經濟信用，同法第310條第2項之加重誹謗罪，則係損害他人之品格名譽，兩者所保護之法益，並不相同，如以一行為同時損害他人之信用及名譽，應予雙重評價，論以該二罪，故屬於異種想像競合犯，應依刑法第55條前段規定，從一重處斷。關於此部分認係法條競合，依特別法優於普通法原則，擇一適用刑法第313條論處，亦有適用法則不當之違法[41]。

參、先行政後刑事責任

一、處罰態樣

公平交易法屬經濟法之範疇，其目的在於維持交易秩序與確保公平競爭，因其規範有諸多抽象與不確定之法律概念，故適用公平交易法時，必須依據市場之實際數據與運作以為判斷，況刑罰係制裁不法行為之最終手段，基於比例原則，是應以行政權先行判入為預警，其得適度達到防患於未然之功效，倘仍未改善者，始採取刑罰作為箝制不法之模式。準此，違反獨占事業禁止行為（公平交易法第9條）、聯合行為之禁止行為（公平交易法第15條）、限制轉售價格（公平交易法第19條）及限制競爭之虞行為（公平交易法第20條）規定，乃設計「先行政後司法」之執法程序。該等行為經公平交易委員會命其停止而不停止之處罰，分別為如後之處罰：

(一)禁止獨占事業不正行為、聯合行為

違反第9條或第15條規定，經主管機關依第40條第1項規定，限期命

---

[41] 最高法院88年度台非字第21號、89年度台非字第461號刑事判決。

其停止、改正其行爲或採取必要更正措施，而逾期未停止、改正其行爲或未採取必要更正措施，或停止後再爲相同或類似違反行爲者，處行爲人3年以下有期徒刑、拘役或科或併科新臺幣1億元以下罰金（公平交易法第34條）。違反第9條之獨占事業不正行爲、第15條之聯合行爲禁止，並未有實害犯之規定，均屬抽象危險犯。

(二)禁止妨害公平競爭之行為

違反第19條或第20條規定，經中央主管機關依第40條第1項規定，限期命其停止、改正其行爲或採取必要更正措施，而逾期未停止、改正其行爲或未採取必要更正措施，或停止後再爲相同或類似違反行爲者，處行爲人2年以下有期徒刑、拘役或科或併科新臺幣5,000萬元以下罰金（公平交易法第36條）。因違反禁止妨害公平競爭之規定，其構成要件有限制競爭或妨礙公平競爭之虞，故爲具體危險犯。

二、法院審查行政處分

(一)司法審查密度

公平交易委員會所就具有高度專業性及攸關公平交易秩序領域所作之行政處分，屬合義務性與目的性之裁量時，法院就關於損害賠償金額或刑度之審理，除有裁量濫用[42]或非適法之情事外[43]，應予以尊重[44]。故公平交易委員會所爲行政處分之存在，固爲行爲人犯公平交易法之刑事案件之構成要件一部，惟有關行政處分違法與否之判斷，係專屬於行政法院之權限，普通法院不宜介入；故刑事法院僅宜就公平交易委員會所爲之行政處

---

[42] 最高行政法院93年度判字第968號、99年度判字第505號行政判決。
[43] 最高行政法院93年度判字第259號行政判決。
[44] 大法官會議釋字第553號解釋：涉及不確定法律概念，上級監督機關爲適法性監督之際，固應尊重該下級機關或地方自治團體所爲合法性之判斷，然其判斷有恣意濫用及其他違法情事，上級監督機關得依法撤銷或變更。

分，爲形式上之審查。例如，處分書有無合法製作完成？有無合法送達？或有無行政程序法第111條所定無效之事由存在等，而不及於行政處分之實質合法性。且以行政處罰作爲刑罰之構成要件者，司法亦僅作形式審查[45]。況公平交易委員會爲掌管我國商業交易競爭秩序之獨立專業機關，其關於爲維護經濟秩序時，有關市場之界定，其屬高度專業性之判斷，法院對行政機關依裁量權所爲行政處分之司法審查範圍，限於裁量之合法性，而不及於裁量行使之妥當性。職是，法院應尊重其不可替代性、專業性及法律授權之專屬性所爲之判斷（行政訴訟法第201條）[46]。

(二)行政處分之存續力

行政處分未經撤銷、廢止或未因其他事由而失效者，其效力繼續存在，此爲行政處分之存續力（行政程序法第110條第1項）。故行政處分有效成立後，即有執行力，在行政爭訟開始後，以不停止執行爲原則，停止執行爲例外（訴願法第93條第1項；行政程序法第116條第1項）。職是，事業經公平交易委員會依公平交易法第40條規定限期命其停止、改正其行爲或採取必要更正措施，而逾期未停止、改正其行爲或未採取必要更正措施，或停止後再爲相同或類似違反行爲者，刑事法院不待行政處分確定，即可課予行爲人與法人有關公平交易法之刑事責任。

肆、兩罰原則

一、行爲人與法人併罰

(一)兩罰主義

基於行政法之合目的性考量，違反第24條規定者除處罰該行爲人

---

[45] 臺灣高等法院暨所屬法院88年法律座談會刑事類提案第55號，臺灣高等法院暨所屬法院88年法律座談會彙編，頁348至352。

[46] 大法官會議釋字第382號、第462號、第553號解釋。

外，亦得對該法人科以該條之罰金，此為行為人與法人併罰之兩罰原則（公平交易法第37條）[47]。申言之，兩罰責任係就同一犯罪，既處罰行為人，亦處罰法人，並無責任轉嫁之問題，行為人係就其自己之違法行為負責，而法人係就其所屬行為人關於業務上之違法行為，負法人監督不周之責任，行為人及法人就其各自犯罪構成要件，分別負其責任[48]。

(二)行政罰

行政罰法雖明定行政罰與刑罰間適用一行為不二罰原則，故一行為同時觸犯刑事法律及違反行政法上義務規定者，應將涉及刑事部分移送該管司法機關（行政罰法第32條第1項）。故一行為同時觸犯刑事法律及違反行政法上義務規定者，依刑事法律處罰之（行政罰法第26條第1項本文）。然其行為應處以其他種類行政罰或得沒入之物，而未經法院宣告沒收者，行政機關得不待法院判決，亦得裁處之，以達行政目的（但書）。因罰鍰以外之沒入或其他種類行政罰，兼具維護公共秩序之作用，為達行政目的，行政機關自得併予裁處。

二、從屬關係

法人兩罰之理論基礎有二：行為責任與監督責任：(一)前者為代表人之違法行為，直接歸責於法人；(二)後者係法人機關對於其代理人、受僱人之違法行為，未能善盡監督責任，導致違法行為發生。兩罰規定具有從屬性之特質，因配合先行政後刑事責任之規範，依據行為責任理論，須同一代表人有再犯行為；或者依據監督責任理論，須同一員工有再犯行為，使得對法人處以刑責。準此，嚴格要求行為主體之同一性時，恐有先行政

---

[47] 事業包括法人事業與非法人事業，依據公平交易法第37條規定，僅限於法人事業。
[48] 最高法院92年度台上字第2720號刑事判決。

而無刑罰之適用,將導致兩罰規定空洞化之現象[49]。

伍、例題解析——禁止獨占事業不正行為

一、阻礙他事業參與競爭

公平交易法第9條第1款規定,所謂阻礙他事業參與競爭者,並不以同一市場或水平市場之競爭為限,倘獨占事業以其在該市場,即上游供貨市場之獨占力,對於下游銷售服務市場之其他事業,以不公平方法阻礙在下游銷售服務市場參與競爭,亦有適用之。

二、不公平方法阻礙競爭

A石油公司為甲國唯一之石油市場供應業,在市場具有獨占地位。機場航機加油方式,係由A石油公司自煉油廠,以管線將石油輸送至機場儲油庫,由A石油公司自行出售石油與航空公司,並為其將油加入航機,或由航空公司自行向A石油公司購油後,委請加油公司將油加入航機,或由經營航機加油業務之加油公司,向A石油公司購買航空燃油,再為客戶航機加油。而B公司欲參與競爭之國內航線加油服務市場,其係航空燃油市場之下游市場,倘未獲得航空燃油之供應,則無法進入加油兼售油服務市場,參與競爭。因A石油公司係兼具航空燃油供油市場及國內航線加油服務市場之唯一事業,挾其在國內航空燃油市場獨占地位,無正當理由拒絕B公司之報價要求,拒絕提供油料,造成其無法參進國內航線加油兼售油服務市場,自屬以不公平方法直接阻礙他事業參與競爭行為(公平交易法第20條第3款)[50]。

---

[49] 黃銘傑,公平交易法刑事責任專題,智慧財產專業法官培訓課程,司法院司法人員研習所,2006年5月,頁4、6。

[50] 最高行政法院93年度判字第795號行政判決。

三、法人之處罰

違反第9條經中央主管機關依第40條第1項規定限期命其停止、改正其行為或採取必要更正措施，而逾期未停止、改正其行為或未採取必要更正措施，或停止後再為相同或類似違反行為者，處行為人3年以下有期徒刑、拘役或科或併科新臺幣1億元以下罰金（公平交易法第34條）。因法人無法處以罰金以外之刑責，僅得科A石油公司新臺幣1億元以下罰金。

陸、相關實務見解——行政預警處分

違反公平交易法第9條或第15條規定，經主管機關依同法第40條第1項規定限期命其停止、改正其行為或採取必要更正措施，而逾期未停止、改正其行為或未採取必要更正措施，或停止後再為相同或類似違反行為者，處行為人3年以下有期徒刑、拘役或科或併科新臺幣1億元以下罰金。其立法意旨，乃因本法為經濟法，須配合國內經濟情形，為最適當之管理，須先有行政權介入，以為預警，即需先有行政預警處分，始能處以刑罰。職是，行為人縱違反同法第9條或第15條規定，倘未經行政預警處分仍不遵行，或已停止後再為相同或類似之違反行為者，則不具備同法第34條之犯罪構成要件[51]。

---

[51] 最高法院94年度台上字第963號刑事判決。

附　則

關鍵詞：市場、警告函、外國法人、涉外案件、正當行為、授權協議、倫理非難性

　　因公平交易法就規範競爭行為之事務，其為普通法之性質，故其他基於特定目的而訂定之法律，其中涉及競爭行為事務者，在該特別法之規範範圍內，自應屬競爭行為事務之特別法。

第一節　調和智慧財產法與競爭法

　　著作權、商標權及專利權在本質上均為法律所賦予之獨占權，故事業依據著作權法、商標法或專利法行使權利之正當行為，自不適用公平交易法之規定。反之，事業行使著作權、商標權或專利權未符合誠信原則，或以損害他人之目的，自非權利之正當行使。

例題31

　　A科技公司認B公司、C公司侵害其專利權，A科技公司為保護權利，其未經權責機關認定前，竟藉口保護專利權為由，而宣稱B公司、C公司他事業產品侵害其專利權，並至B公司、C公司之經銷商銷售現場，干擾現場之交易。試問A科技公司之上揭行為，是否為行使專利權之正當行為？

例題32

　　D影視公司利用伴唱錄音帶享有著作權物之獨家排他性及消費者對流行新歌之偏好性等商品特性，迫使KTV業者在顧及歌曲完整性之壓力下，必須成套購買D影視公司提供之500首單曲伴唱錄影帶，而無法自由選購單曲伴唱錄影帶。試問D影視公司之上揭行為，是否為行使著作權之正當行為？

壹、正當行使智慧財產權

一、正當性之判斷

　　依據著作權法、商標法或專利法行使權利之正當行為，不適用本法之規定（公平交易法第45條）。本條意旨在於為調和智慧財產權人之保障與公平交易秩序之維護，兩者所生之衝突。是主管機關基於職權，認定何謂行使權利之正當行為，除應考量智慧財產權人之利益，亦須顧及自由公平競爭環境之維護與社會公益之平衡[1]。茲舉例說明：

(一)不實新聞稿

　　A公司於新聞稿未敘明其專利權之明確內容及範圍，復透過專利技術之用語，即有引人誤認其所申請之新型專利具有發明專利之保護範圍，使交易相對人或潛在交易相對人無從透過新聞報導內容為合理之判斷，甚者可能導致所有利用B公司產品者，均侵害其專利之錯誤認知，已逾越保護權利之必要程度，並足以影響交易秩序，自難認A公司已踐履行使正當權利範圍之必要方式，應構成違反公平交易法第25條規定[2]。

(二)不實警告函

1.非行使權利之正當行為

　　B公司所發信函內容，未就專利權之範圍及關係人如何具體侵害其專利之具體事實，予以明確表示，而僅假藉保全處分之執行名義，積極使他人誤認關係人已遭法院判決其有侵害原告專利權，暨禁止生產該專利產品情事，其行為顯已逾越法律規定保護專利權之必要程度，自非行使權利之正當行為，即應受公平交易法之規範（公平交易法第25條）[3]。

---

[1] 最高行政法院95年度判字第1003號行政判決。
[2] 最高行政法院90年度判字第693號行政判決。
[3] 最高行政法院86年度判字第1557號行政判決；最高行政法院87年度裁字第826號行政裁定。

2.補遺條款與裁量權

公平交易法為規範事業商業競爭行為之經濟法規，其特性在於隨著社會及經濟之變化演進，日新月異之不同商業行為及限制競爭、不公平競爭行為態樣會不斷出現，故難以對明確固定行為態樣以法條明文規範之，是立法者在立法之初，為防止新違法行為態樣不受規範之弊，遂於公平交易法第25條規定之概括條款，在立法時保留給行政主管機關裁量餘地，使主管機關得依實際個案情形，以其專業知識，認定是否違法之判斷，此為行政判斷餘地之精神與內涵所在。準此，公平交易委員會基於公平交易法執法機關之法定職掌，就公平交易法第25條、第45條及其他相關法條規定，對於事業發侵害智慧財產權警告函行為，是否構成顯失公平或其他違法不公平競爭行為，資為判斷是否適法之準據，並無擴大公平交易法範圍之情事[4]。

二、發送警告函

事業履行下列確認權利受侵害程序之一，始發警告函者，為依照著作權法、商標法或專利法行使權利之正當行為：(一)經法院一審判決確屬著作權、商標權或專利權受侵害者；(二)經著作權審議及調解委員會調解認定確屬著作權受侵害者；(三)將可能侵害專利權之標的物送請專業機構鑑定，取得鑑定報告，且發函前事先或同時通知可能侵害之製造商、進口商或代理商，請求排除侵害者；(四)事業雖未履行前開之排除侵害通知，然已事先採取權利救濟程序、已盡合理可能之注意義務、通知已屬客觀不能或有具體事證足認應受通知人已知悉侵權爭議之情形，均視為已履行排除侵害通知之程序[5]。

---

[4] 最高行政法院89年度判字第761號、96年度判字第227號行政判決。

[5] 公平交易委員會對於事業發侵害著作權、商標權或專利權警告函案件之處理原則第3點。最高行政法院89年度判字第761號、96年度判字第227號行政判決。

三、解釋性行政規則

主管機關基於職權因執行特定法律之規定，得為必要之釋示，以供本機關或下級機關所屬公務員行使職權時之依據。公平交易委員會於1997年5月14日（86）公法字第01672號函發布「審理事業發侵害著作權、商標權或專利權警告函案件處理原則」，係該會本於公平交易法第45條規定所為之解釋性行政規則，用以處理事業對他人散發侵害智慧財產權警告函之行為，有無濫用權利，致生公平交易法第20條、第21條、第24條、第25條規定，所禁止之不公平競爭行為。依該處理原則第3點、第4點規定，事業對他人散發侵害各類智慧財產權警告函時，倘已取得法院判決或公正客觀鑑定機構鑑定報告，並事先通知可能侵害該事業權利者，請求其排除侵害，形式上視為權利之正當行使，認定其不違公平交易法之規定。反之，其未附法院判決或侵害鑑定報告之警告函者，倘已據實敘明各類智慧財產權明確內容、範圍及受侵害之具體事實，且無公平交易法各項禁止規定之違反情事，亦屬權利之正當行使。故事業對他人散發侵害專利權警告函之行為，雖係行使專利法所賦予之侵害排除與防止請求權，惟權利不得濫用，乃法律之基本原則，權利人應遵守之此項義務，並非該處理原則所增。該處理原則第3點、第4點係公平交易委員會為審理事業對他人散發侵害智慧財產權警告函案件，是否符合公平交易法第45條行使權利之正當行為，所為之例示性函釋，未對人民權利之行使，增加法律所無之限制，無違法律保留原則，亦不生授權是否明確問題，自不牴觸憲法[6]。

貳、技術授權協議

公平交易委員會為處理技術授權案件，使公平交易法相關規範具體化，期使執法標準更臻明確，俾利業者遵循，並有利相關案件之處理，特

---

[6] 大法官會議釋字第407號、第548號解釋。

訂定公平交易委員會對於技術授權協議案件之處理原則。

一、審查分析步驟

(一)市場分析

　　審理技術授權協議案件，將先依公平交易法第45條規定檢視之，形式上雖依照專利法行使權利之正當行為，惟實質上逾越專利權正當權利之行使範圍，違反專利法保障發明創作之立法意旨，仍應依公平交易法及本處理原則處理。審理技術授權協議案件，不受授權協議之形式或用語所拘束，而將著重技術授權協議對下列相關市場（relevant markets）可能或真正所產生限制競爭或不公平競爭之影響：1.利用授權技術製造或提供之商品所歸屬之商品市場（goods markets）；2.其與該特定技術具有替代性而界定之技術市場（technology markets）；3.以可能從事商品之研究發展為界定範圍之創新市場（innovation markets）。

(二)審酌因素

　　審理技術授權協議案件，除考量相關授權協議內容之合理性，並應審酌下列事項：1.授權人就授權技術所具有之市場力量；2.授權協議當事人於相關市場之市場地位及市場狀況；3.授權協議所增加技術之利用機會與排除競爭效果之影響程度；4.相關市場進出之難易程度；5.授權協議限制期間之長短；6.特定授權技術市場之國際或產業慣例[7]。

(三)專門技術

　　所謂專門技術（Know-How），係指方法、技術、製程、配方、程式、設計或其他可用於生產、銷售或經營之資訊，而符合下列要件者：1.非一般涉及該類資訊之人所知；2.因其秘密性而具有實際或潛在之經濟

---

[7] 公平交易委員會對於技術授權協議案件之處理原則第4點。

價值；3.所有人已採取合理之保密措施[8]。再者，公平交易委員會審議技術授權協議案件，並不因授權人擁有專利或專門技術，即推定其在相關市場具有市場力量（market power）[9]。

二、禁制事項例示

　　有競爭關係之技術授權協議當事人間以契約、協議或其他方式之合意，共同決定授權商品之價格，或限制數量、交易對象、交易區域、研究開發領域等，相互約束當事人間之事業活動，足以影響相關市場之功能者，授權協議當事人不得爲之。職是，技術授權協議之內容，有下列情形之一，而對相關市場具有限制競爭或妨礙公平競爭之虞者，授權協議當事人不得爲之：(一)限制被授權人於技術授權協議期間或期滿後，就競爭商品之研發、製造、使用、銷售或採用競爭技術；(二)爲達區隔顧客之目的或與授權範圍無關，而限制被授權人技術使用範圍或交易對象；(三)強制被授權人購買、接受或使用其不需要之專利或專門技術；(四)強制被授權人應就授權之專利或專門技術所爲之改良，以專屬方式回饋予授權人；(五)授權之專利消滅後，或專門技術因非可歸責被授權人之事由被公開後，授權人限制被授權人自由使用系爭技術或要求被授權人支付授權實施費用；(六)限制被授權人就其製造、生產授權商品銷售與第三人之價格；(七)限制被授權人爭執授權技術之有效性；(八)拒絕提供被授權人有關授權專利之內容、範圍或專利有效期限；(九)專利授權協議在專利有效期間內，在我國領域內區分授權區域之限制；專門技術授權協議在非可歸責於授權人之事由，致使授權之專門技術喪失營業秘密性，而被公開前對專門技術所爲區域之限制，亦同；(十)限制被授權人製造或銷售商品數量之上

---

[8]　公平交易委員會對於技術授權協議案件之處理原則第2點。
[9]　公平交易委員會對於技術授權協議案件之處理原則第3點。

限,或限制其使用專利、專門技術次數之上限;(十一)要求被授權人必須透過授權人或其指定之人銷售;(十二)不論被授權人是否使用授權技術,授權人逕依被授權人某商品之製造或銷售數量,要求被授權人支付授權實施費用[10]。

參、事業之合法行爲

事業關於競爭之行爲,另有其他法律規定者,在不牴觸本法立法意旨之範圍內,優先適用該其他法律之規定(公平交易法第46條)。例如,各銀行得經營之業務項目,由中央主管機關按其類別,就本法所定之範圍內,分別核定,並於營業執照上載明之。但其有關外匯業務之經營,須經中央銀行之許可(銀行法第4條)。

肆、例題解析

一、行使專利權逾越正當性

A公司認B公司、C公司侵害其專利權,A公司爲保護權利,其未經權責機關認定前,藉口保護專利權爲由,而宣稱B公司、C公司他事業產品侵害其專利權,並至B公司、C公司之經銷商銷售現場,干擾現場之交易,A公司之該等行爲,已逾越行使專利權之正當必要程度,而具有商業競爭倫理非難性(公平交易法第25條)[11]。

二、行使著作權逾越正當性

依照著作權法、商標法或專利法行使權利之正當行爲,雖不適用本法之規定(公平交易法第45條)。然其行使權利之行爲須屬正當,係爲保

---

[10] 公平交易委員會對於技術授權協議案件之處理原則第6點。
[11] 最高行政法院90年度判字第653號行政判決。

護其權利所必要之合法行使行為，始有適用之。故事業行使著作權、商標權或專利權時，濫用其權利，致有形成不公平競爭或限制競爭實質效果之虞，而違反公平交易法規定者，則不得為之。D影視公司利用伴唱錄音帶享有著作權物之獨家排他性及消費者對流行新歌之偏好性等商品特性，迫使KTV業者在顧及歌曲完整性之壓力下，必須成套購買D影視公司提供之500首單曲伴唱錄影帶，而無法自由選購單曲伴唱錄影帶。是D影視公司以加盟合約授權方式，成套銷售伴唱錄影帶之搭售行為，不當限制交易相對人之事業活動，有妨礙公平競爭之虞，違反公平交易法第20條第5款之規定。準此，著作權人雖得依著作權法第37條規定授權他人使用，然不得違反公平交易法之禁止規範[12]。

伍、相關實務見解——警告函之內容

　　警告函案件處理原則第2點規定，事業發警告函行為，係指事業以下列方式對其自身或他事業之交易相對人或潛在交易相對人，散發他事業侵害其所有著作權、商標權或專利權之行為者：1.警告函；2.敬告函；3.律師函；4.公開信；5.廣告啟事；6.其他足使其自身或他事業之交易相對人或潛在交易相對人知悉之書面。查本案被處分人於2012年8月15日、18日寄發予酷酷寵物、阿狗寵物生活館、貓狗之家、樂堡貓狗配、天天貓小棧等網路賣家之電子郵件，其在發函內容稱：本公司在網路平台看到賣家販賣鼠籠，而鼠籠裡面之轉輪，是本公司所發明與擁有專利權，而此鼠籠非為本公司所出產之商品。要麻煩賣家能夠協助本公司提供此商品來源之供應廠商，我們僅會直接針對源頭採取相關事宜；並在函末附註：倘賣家在其他網路平台有販賣此商品，亦請一併下架。嗣後查看尚未下架者，該行將直接請網路平台撤架等。準此，發函內容實質充滿警告意味。依警告函

---

[12] 最高行政法院86年度判字第1403號、101年度判字第1070號行政判決。

案件處理原則第2點規定，其所指他事業，僅要警告函之內容，依一般社會通念，已足使交易相對人或潛在交易相對人產生某事業可能涉及侵權之聯想，均屬警告函之類型[13]。

第二節　未經認許外國法人之訴訟權

公平交易法參照著作權法及商標法等規定，規範外國法人或團體之訴權，須以互惠為條件。公平交易委員會為處理與公平交易法有關之涉外案件，特訂定公平交易委員會處理涉外案件原則。

例題33

> 　未經我國認許之外國法人或團體，因第三人違反公平交易法，致其權利受損。試問是否受我國公平交易法保護？得為告訴、自訴，或提起民事訴訟救濟之？

壹、概　說

未經認許之外國法人或團體，就本法規定事項得為告訴、自訴或提起民事訴訟。但以依條約或其本國法令、慣例，中華民國人或團體得在該國享受同等權利者為限；其由團體或機構互訂保護之協議，經中央主管機關核准者亦同（公平交易法第47條）。公平交易委員會為處理與公平交易法有關之涉外案件，特訂定公平交易委員會處理涉外案件原則。例如，檢舉人為外國事業，公平交易委員會於必要時，得酌定相當期間，請其提出中華民國人或團體得在其所屬國享受同等權利之法令、慣例。檢舉人未依

---

[13] 公平交易委員會2013年4月25日公處字第102051號處分書。

所定期間補正者，得終止調查[14]。

貳、例題解析——未經認許之外國法人或團體

　　公平交易法規定之事項涉及民事事件、刑事案件及行政事件，其民事事件、刑事案件有關者，司法機關為審判之權責機關。故民事事件、刑事案件而有依公平交易法第47條規定，認定外國法人是否有本法之適用，由司法機關認定之。而與行政責任或行政保護有關之事項，公平交易委員會為審理之權責機關，故其為行政事件，有必要認定外國法人依公平交易法第47條是否有本法之適用時，由公平交易委員認定之。倘我國與外國間關於公平交易法有關保護事項，並未締有條約或其他協定、協議，故就外國法人或團體在我國未經認許者，是否得依公平交易法請求行政保護，應由公平交易委員會本諸互惠原則，準用公平交易法第47條認定之。職是，公平交易委員會得依公平交易法第27條規定進行調查，並就外國之主權作用、國際間之平等互惠原則、公平交易委員會強制外國事業配合所採之行政手段可否達到調查目的等因素，作衡平考量[15]。

參、相關實務見解——互惠原則

　　未獲認許之外國法人或團體，如經司法機關認定基於互惠原則下，得享有公平交易法規定事項之刑事及民事訴訟權利。公平交易法第47條雖僅就告訴、自訴或提起民事訴訟，加以規範，而未及於行政責任或行政保護等有關之事項。然衡諸公平交易法第47條關於外國法人或團體法律保障之立法目的，係採互惠原則，該條對於民事、刑事外之行政事項，亦有該條揭示之互惠原則的適用。職是，以未經認許之外國法人是否得受公平

---

[14] 公平交易委員會處理涉外案件原則第5點。
[15] 公平交易委員會處理涉外案件原則第8點。

交易法之保護，應視其本國有關法令，是否規定中華民國國民得與該國人享同等權利而定[16]。

---

[16] 行政院公平交易委員會1995年2月21日公研釋字第091號函。

參考書目
BIBLIOGRAPHY

壹、專論

王文宇，從金融市場之演變論公平交易法之規範，新世紀經濟法制之建構與挑戰—廖義男教授六秩誕辰祝壽論文集，元照出版有限公司，2002年9月。

范建得、陳丁章，淺析臺北高等行政法院92年訴字第908號判決，台灣本土法學雜誌，77期，2005年12月。

莊春發，論足以影響市場功能的聯合行為，公平交易法施行九周年學術研討會論文集，元照出版有限公司，2001年8月。

楊宏暉，智慧財產法院101年度民專上更（二）字第3號民事判決評譯，月旦法學雜誌，251期，2016年4月。

黃銘傑，公平交易法民事責任，智慧財產專業法官培訓課程，司法院司法人員研習所，2006年5月。

黃銘傑，公平交易法執法機制之現狀與未來，月旦法學雜誌，186期，2010年11月。

張麗卿，公平交易法行政責任與刑事責任專題，智慧財產專業法官培訓課程，司法院司法人員研習所，2006年5月。

廖賢洲、楊佳慧，競爭法對寡占廠商促進行為之規範—由Ethyl、ATP及國內兩大供油商聯合案探討，月旦法學雜誌，126期，2005年11月。

廖義男，公平交易法關於違反禁止行為之處罰規定，政大法學評論，44期，1991年12月。

廖義男，註釋公平交易法，智慧財產專業法官培訓課程，司法院司法人員研習所，2006年6月。

廖義男，足以影響交易秩序之欺罔或顯失公平之行為，法令月刊，68卷5期，
　　2017年5月。

貳、專書

王澤鑑，侵權行為法，第1冊，三民書局股份有限公司，1998年12月，3刷。

何之邁，公平交易法專論（三），瑞興圖書股份有限公司，2006年7月。

汪渡村，公平交易法，五南圖書出版股份有限公司，2007年9月，3版1刷。

李震山，行政法導論，三民書局股份有限公司，1999年10月，再修訂初版。

林洲富，商標法案例式，五南圖書出版股份有限公司，2023年10月，6版1刷。

林洲富，智慧財產權法案例式，五南圖書出版股份有限公司，2023年10月，13
　　版1刷。

林洲富，行政法案例式，五南圖書出版股份有限公司，2022年5月，6版1刷。

孫森焱，民法債編總論，三民書局股份有限公司，1990年10月。

莊勝榮，解讀公平交易法，書泉出版社，2003年3月，2版1刷。

黃茂榮，公平交易法理論與實務，植根法學叢書，1993年10月。

黃銘傑，公平交易法之理論與實際—不同意見書，學林文化事業有限公司，
　　2002年8月。

簡榮宗，公平交易法，書泉出版社，2002年10月。

陳家駿、羅怡德，公平交易法與智慧財產權—以專利追索為中心，五南圖書出
　　版有限公司，1999年11月。

賴源河，公平交易法新論，元照出版有限公司，2005年3月，3版1刷。

劉孔中，公平交易法，元照出版有限公司，2005年1月，初版2刷。

謝哲勝，財產法專題研究（2），元照出版社，1999年1月，懲罰性賠償。

刑事法律專題研究（15），司法院，1998年8月。

臺灣高等法院暨所屬法院88年法律座談會彙編。

公平交易法

民國106年6月14日總統令修正公布第11條條文。

第一章　總則

第1條

為維護交易秩序與消費者利益，確保自由與公平競爭，促進經濟之安定與繁榮，特制定本法。

第2條

本法所稱事業如下：

一、公司。

二、獨資或合夥之工商行號。

三、其他提供商品或服務從事交易之人或團體。

事業所組成之同業公會或其他依法設立、促進成員利益之團體，視為本法所稱事業。

第3條

本法所稱交易相對人，指與事業進行或成立交易之供給者或需求者。

第4條

本法所稱競爭，指二以上事業在市場上以較有利之價格、數量、品質、服

務或其他條件，爭取交易機會之行為。

第5條
本法所稱相關市場，指事業就一定之商品或服務，從事競爭之區域或範圍。

第6條
本法所稱主管機關為公平交易委員會。
本法規定事項，涉及其他部會之職掌者，由主管機關商同各該部會辦理之。

第二章　限制競爭

第7條
本法所稱獨占，指事業在相關市場處於無競爭狀態，或具有壓倒性地位，可排除競爭之能力者。
二以上事業，實際上不為價格之競爭，而其全體之對外關係，具有前項規定之情形者，視為獨占。

第8條
事業無下列各款情形者，不列入前條獨占事業認定範圍：
一、一事業於相關市場之占有率達二分之一。
二、二事業全體於相關市場之占有率達三分之二。
三、三事業全體於相關市場之占有率達四分之三。
有前項各款情形之一，其個別事業於相關市場占有率未達十分之一或上一會計年度事業總銷售金額未達主管機關所公告之金額者，該事業不列入獨占事業之認定範圍。
事業之設立或事業所提供之商品或服務進入相關市場，受法令、技術之限制或有其他足以影響市場供需可排除競爭能力之情事者，雖有前二項不列

入認定範圍之情形，主管機關仍得認定其爲獨占事業。

第9條

獨占之事業，不得有下列行爲：

一、以不公平之方法，直接或間接阻礙他事業參與競爭。

二、對商品價格或服務報酬，爲不當之決定、維持或變更。

三、無正當理由，使交易相對人給予特別優惠。

四、其他濫用市場地位之行爲。

第10條

本法所稱結合，指事業有下列情形之一者：

一、與他事業合併。

二、持有或取得他事業之股份或出資額，達到他事業有表決權股份總數或資本總額三分之一以上。

三、受讓或承租他事業全部或主要部分之營業或財產。

四、與他事業經常共同經營或受他事業委託經營。

五、直接或間接控制他事業之業務經營或人事任免。

計算前項第二款之股份或出資額時，應將與該事業具有控制與從屬關係之事業及與該事業受同一事業或數事業控制之從屬關係事業所持有或取得他事業之股份或出資額一併計入。

第11條

事業結合時，有下列情形之一者，應先向主管機關提出申報：

一、事業因結合而使其市場占有率達三分之一。

二、參與結合之一事業，其市場占有率達四分之一。

三、參與結合之事業，其上一會計年度銷售金額，超過主管機關所公告之金額。

前項第三款之銷售金額，應將與參與結合之事業具有控制與從屬關係之事

業及與參與結合之事業受同一事業或數事業控制之從屬關係事業之銷售金額一併計入，其計算方法由主管機關公告之。

對事業具有控制性持股之人或團體，視為本法有關結合規定之事業。

前項所稱控制性持股，指前項之人或團體及其關係人持有他事業有表決權之股份或出資額，超過他事業已發行有表決權之股份總數或資本總額半數者。

前項所稱關係人，其範圍如下：

一、同一自然人與其配偶及二親等以內血親。

二、前款之人持有已發行有表決權股份總數或資本總額超過半數之事業。

三、第一款之人擔任董事長、總經理或過半數董事之事業。

四、同一團體與其代表人、管理人或其他有代表權之人及其配偶與二親等以內血親。

五、同一團體及前款之自然人持有已發行有表決權股份總數或資本總額超過半數之事業。

第一項第三款之銷售金額，得由主管機關擇定行業分別公告之。

事業自主管機關受理其提出完整申報資料之日起算三十工作日內，不得為結合。但主管機關認為必要時，得將該期間縮短或延長，並以書面通知申報事業。

主管機關依前項但書延長之期間，不得逾六十工作日；對於延長期間之申報案件，應依第十三條規定作成決定。

主管機關屆期未為第七項但書之延長通知或前項之決定者，事業得逕行結合。但有下列情形之一者，不得逕行結合：

一、經申報之事業同意再延長期間。

二、事業之申報事項有虛偽不實。

主管機關就事業結合之申報，得徵詢外界意見，必要時得委請學術研究機構提供產業經濟分析意見。但參與結合事業之一方不同意結合者，主管機關應提供申報結合事業之申報事由予該事業，並徵詢其意見。

前項但書之申報案件，主管機關應依第十三條規定作成決定。

第12條

前條第一項之規定，於下列情形不適用之：

一、參與結合之一事業或其百分之百持有之子公司，已持有他事業達百分之五十以上之有表決權股份或出資額，再與該他事業結合者。

二、同一事業所持有有表決權股份或出資額達百分之五十以上之事業間結合者。

三、事業將其全部或主要部分之營業、財產或可獨立營運之全部或一部營業，讓與其獨自新設之他事業者。

四、事業依公司法第一百六十七條第一項但書或證券交易法第二十八條之二規定收回股東所持有之股份，致其原有股東符合第十條第一項第二款之情形者。

五、單一事業轉投資成立並持有百分之百股份或出資額之子公司者。

六、其他經主管機關公告之類型。

第13條

對於事業結合之申報，如其結合，對整體經濟利益大於限制競爭之不利益者，主管機關不得禁止其結合。

主管機關對於第十一條第八項申報案件所為之決定，得附加條件或負擔，以確保整體經濟利益大於限制競爭之不利益。

第14條

本法所稱聯合行為，指具競爭關係之同一產銷階段事業，以契約、協議或其他方式之合意，共同決定商品或服務之價格、數量、技術、產品、設備、交易對象、交易地區或其他相互約束事業活動之行為，而足以影響生產、商品交易或服務供需之市場功能者。

前項所稱其他方式之合意，指契約、協議以外之意思聯絡，不問有無法律拘束力，事實上可導致共同行為者。

聯合行為之合意，得依市場狀況、商品或服務特性、成本及利潤考量、事

業行為之經濟合理性等相當依據之因素推定之。

第二條第二項之同業公會或其他團體藉章程或會員大會、理、監事會議決議或其他方法所為約束事業活動之行為，亦為本法之聯合行為。

第15條

事業不得為聯合行為。但有下列情形之一，而有益於整體經濟與公共利益，經申請主管機關許可者，不在此限：

一、為降低成本、改良品質或增進效率，而統一商品或服務之規格或型式。

二、為提高技術、改良品質、降低成本或增進效率，而共同研究開發商品、服務或市場。

三、為促進事業合理經營，而分別作專業發展。

四、為確保或促進輸出，而專就國外市場之競爭予以約定。

五、為加強貿易效能，而就國外商品或服務之輸入採取共同行為。

六、因經濟不景氣，致同一行業之事業難以繼續維持或生產過剩，為有計畫適應需求而限制產銷數量、設備或價格之共同行為。

七、為增進中小企業之經營效率，或加強其競爭能力所為之共同行為。

八、其他為促進產業發展、技術創新或經營效率所必要之共同行為。

主管機關收受前項之申請，應於三個月內為決定；必要時得延長一次。

第16條

主管機關為前條之許可時，得附加條件或負擔。

許可應附期限，其期限不得逾五年；事業如有正當理由，得於期限屆滿前三個月至六個月期間內，以書面向主管機關申請延展；其延展期限，每次不得逾五年。

第17條

聯合行為經許可後，因許可事由消滅、經濟情況變更、事業逾越許可範圍

或違反主管機關依前條第一項所附加之條件或負擔者，主管機關得廢止許可、變更許可內容、令停止、改正其行為或採取必要更正措施。

第18條

主管機關對於前三條之許可及其有關之條件、負擔、期限，應主動公開。

第19條

事業不得限制其交易相對人，就供給之商品轉售與第三人或第三人再轉售時之價格。但有正當理由者，不在此限。

前項規定，於事業之服務準用之。

第20條

下列各款行為之一，而有限制競爭之虞者，事業不得為之：

一、以損害特定事業為目的，促使他事業對該特定事業斷絕供給、購買或其他交易之行為。

二、無正當理由，對他事業給予差別待遇之行為。

三、以低價利誘或其他不正當方法，阻礙競爭者參與或從事競爭之行為。

四、以脅迫、利誘或其他不正當方法，使他事業不為價格之競爭、參與結合、聯合或為垂直限制競爭之行為。

五、以不正當限制交易相對人之事業活動為條件，而與其交易之行為。

第三章　不公平競爭

第21條

事業不得在商品或廣告上，或以其他使公眾得知之方法，對於與商品相關而足以影響交易決定之事項，為虛偽不實或引人錯誤之表示或表徵。

前項所定與商品相關而足以影響交易決定之事項，包括商品之價格、數量、品質、內容、製造方法、製造日期、有效期限、使用方法、用途、原產地、製造者、製造地、加工者、加工地，及其他具有招徠效果之相關事

項。

事業對於載有前項虛偽不實或引人錯誤表示之商品，不得販賣、運送、輸出或輸入。

前三項規定，於事業之服務準用之。

廣告代理業在明知或可得而知情形下，仍製作或設計有引人錯誤之廣告，與廣告主負連帶損害賠償責任。廣告媒體業在明知或可得而知其所傳播或刊載之廣告有引人錯誤之虞，仍予傳播或刊載，亦與廣告主負連帶損害賠償責任。廣告薦證者明知或可得而知其所從事之薦證有引人錯誤之虞，而仍為薦證者，與廣告主負連帶損害賠償責任。但廣告薦證者非屬知名公眾人物、專業人士或機構，僅於受廣告主報酬十倍之範圍內，與廣告主負連帶損害賠償責任。

前項所稱廣告薦證者，指廣告主以外，於廣告中反映其對商品或服務之意見、信賴、發現或親身體驗結果之人或機構。

第22條

事業就其營業所提供之商品或服務，不得有下列行為：

一、以著名之他人姓名、商號或公司名稱、商標、商品容器、包裝、外觀或其他顯示他人商品之表徵，於同一或類似之商品，為相同或近似之使用，致與他人商品混淆，或販賣、運送、輸出或輸入使用該項表徵之商品者。

二、以著名之他人姓名、商號或公司名稱、標章或其他表示他人營業、服務之表徵，於同一或類似之服務為相同或近似之使用，致與他人營業或服務之設施或活動混淆者。

前項姓名、商號或公司名稱、商標、商品容器、包裝、外觀或其他顯示他人商品或服務之表徵，依法註冊取得商標權者，不適用之。

第一項規定，於下列各款行為不適用之：

一、以普通使用方法，使用商品或服務習慣上所通用之名稱，或交易上同類商品或服務之其他表徵，或販賣、運送、輸出或輸入使用該名稱或

　　表徵之商品或服務者。

二、善意使用自己姓名之行為，或販賣、運送、輸出或輸入使用該姓名之
　　商品或服務者。

三、對於第一項第一款或第二款所列之表徵，在未著名前，善意為相同或
　　近似使用，或其表徵之使用係自該善意使用人連同其營業一併繼受而
　　使用，或販賣、運送、輸出或輸入使用該表徵之商品或服務者。

事業因他事業為前項第二款或第三款之行為，致其商品或服務來源有混淆
誤認之虞者，得請求他事業附加適當之區別標示。但對僅為運送商品者，
不適用之。

第23條

事業不得以不當提供贈品、贈獎之方法，爭取交易之機會。

前項贈品、贈獎之範圍、不當提供之額度及其他相關事項之辦法，由主管
機關定之。

第24條

事業不得為競爭之目的，而陳述或散布足以損害他人營業信譽之不實情
事。

第25條

除本法另有規定者外，事業亦不得為其他足以影響交易秩序之欺罔或顯失
公平之行為。

第四章　調查及裁處程序

第26條

主管機關對於涉有違反本法規定，危害公共利益之情事，得依檢舉或職權
調查處理。

第27條

主管機關依本法調查，得依下列程序進行：

一、通知當事人及關係人到場陳述意見。

二、通知當事人及關係人提出帳冊、文件及其他必要之資料或證物。

三、派員前往當事人及關係人之事務所、營業所或其他場所為必要之調查。

依前項調查所得可為證據之物，主管機關得扣留之；其扣留範圍及期間，以供調查、檢驗、鑑定或其他為保全證據之目的所必要者為限。

受調查者對於主管機關依第一項規定所為之調查，無正當理由不得規避、妨礙或拒絕。

執行調查之人員依法執行公務時，應出示有關執行職務之證明文件；其未出示者，受調查者得拒絕之。

第28條

主管機關對於事業涉有違反本法規定之行為進行調查時，事業承諾在主管機關所定期限內，採取具體措施停止並改正涉有違法之行為者，主管機關得中止調查。

前項情形，主管機關應對事業有無履行其承諾進行監督。

事業已履行其承諾，採取具體措施停止並改正涉有違法之行為者，主管機關得決定終止該案之調查。但有下列情形之一者，應恢復調查：

一、事業未履行其承諾。

二、作成中止調查之決定所依據之事實發生重大變化。

三、作成中止調查之決定係基於事業提供不完整或不真實之資訊。

第一項情形，裁處權時效自中止調查之日起，停止進行。主管機關恢復調查者，裁處權時效自恢復調查之翌日起，與停止前已經過之期間一併計算。

第五章　損害賠償

第29條

事業違反本法之規定，致侵害他人權益者，被害人得請求除去之；有侵害之虞者，並得請求防止之。

第30條

事業違反本法之規定，致侵害他人權益者，應負損害賠償責任。

第31條

法院因前條被害人之請求，如為事業之故意行為，得依侵害情節，酌定損害額以上之賠償。但不得超過已證明損害額之三倍。

侵害人如因侵害行為受有利益者，被害人得請求專依該項利益計算損害額。

第32條

本章所定之請求權，自請求權人知有行為及賠償義務人時起，二年間不行使而消滅；自為行為時起，逾十年者亦同。

第33條

被害人依本法之規定，向法院起訴時，得請求由侵害人負擔費用，將判決書內容登載新聞紙。

第六章　罰　則

第34條

違反第九條或第十五條規定，經主管機關依第四十條第一項規定限期令停止、改正其行為或採取必要更正措施，而屆期未停止、改正其行為或未採取必要更正措施，或停止後再為相同違反行為者，處行為人三年以下有期徒刑、拘役或科或併科新臺幣一億元以下罰金。

第35條

違反第十五條之事業，符合下列情形之一，並經主管機關事先同意者，免除或減輕主管機關依第四十條第一項、第二項所爲之罰鍰處分：

一、當尚未爲主管機關知悉或依本法進行調查前，就其所參與之聯合行爲，向主管機關提出書面檢舉或陳述具體違法，並檢附事證及協助調查。

二、當主管機關依本法調查期間，就其所參與之聯合行爲，陳述具體違法，並檢附事證及協助調查。

前項之適用對象之資格要件、裁處減免之基準及家數、違法事證之檢附、身分保密及其他執行事項之辦法，由主管機關定之。

第36條

違反第十九條或第二十條規定，經主管機關依第四十條第一項規定限期令停止、改正其行爲或採取必要更正措施，而屆期未停止、改正其行爲或未採取必要更正措施，或停止後再爲相同違反行爲者，處行爲人二年以下有期徒刑、拘役或科或併科新臺幣五千萬元以下罰金。

第37條

違反第二十四條規定者，處行爲人二年以下有期徒刑、拘役或科或併科新臺幣五千萬元以下罰金。

法人之代表人、代理人、受僱人或其他從業人員，因執行業務違反第二十四條規定者，除依前項規定處罰其行爲人外，對該法人亦科處前項之罰金。

前二項之罪，須告訴乃論。

第38條

第三十四條、第三十六條、第三十七條之處罰，其他法律有較重之規定者，從其規定。

第39條

事業違反第十一條第一項、第七項規定而為結合，或申報後經主管機關禁止其結合而為結合，或未履行第十三條第二項對於結合所附加之負擔者，主管機關得禁止其結合、限期令其分設事業、處分全部或部分股份、轉讓部分營業、免除擔任職務或為其他必要之處分，並得處新臺幣二十萬元以上五千萬元以下罰鍰。

事業對結合申報事項有虛偽不實而為結合之情形者，主管機關得禁止其結合、限期令其分設事業、處分全部或部分股份、轉讓部分營業、免除擔任職務或為其他必要之處分，並得處新臺幣十萬元以上一百萬元以下罰鍰。

事業違反主管機關依前二項所為之處分者，主管機關得命令解散、勒令歇業或停止營業。

前項所處停止營業之期間，每次以六個月為限。

第40條

主管機關對於違反第九條、第十五條、第十九條及第二十條規定之事業，得限期令停止、改正其行為或採取必要更正措施，並得處新臺幣十萬元以上五千萬元以下罰鍰；屆期仍不停止、改正其行為或未採取必要更正措施者，得繼續限期令停止、改正其行為或採取必要更正措施，並按次處新臺幣二十萬元以上一億元以下罰鍰，至停止、改正其行為或採取必要更正措施為止。

事業違反第九條、第十五條，經主管機關認定有情節重大者，得處該事業上一會計年度銷售金額百分之十以下罰鍰，不受前項罰鍰金額限制。

前項事業上一會計年度銷售金額之計算、情節重大之認定、罰鍰計算之辦法，由主管機關定之。

第41條

前二條規定之裁處權，因五年期間之經過而消滅。

第42條

主管機關對於違反第二十一條、第二十三條至第二十五條規定之事業，得限期令停止、改正其行為或採取必要更正措施，並得處新臺幣五萬元以上二千五百萬元以下罰鍰；屆期仍不停止、改正其行為或未採取必要更正措施者，得繼續限期令停止、改正其行為或採取必要更正措施，並按次處新臺幣十萬元以上五千萬元以下罰鍰，至停止、改正其行為或採取必要更正措施為止。

第43條

第二條第二項之同業公會或其他團體違反本法規定者，主管機關得就其參與違法行為之成員併同罰之。但成員能證明其不知、未參與合意、未實施或在主管機關開始調查前即停止該違法行為者，不予處罰。

第44條

主管機關依第二十七條規定進行調查時，受調查者違反第二十七條第三項規定，得處新臺幣五萬元以上五十萬元以下罰鍰；受調查者再經通知，無正當理由規避、妨礙或拒絕者，主管機關得繼續通知調查，並按次處新臺幣十萬元以上一百萬元以下罰鍰，至接受調查、到場陳述意見或提出有關帳冊、文件等資料或證物為止。

第七章　附　則

第45條

依照著作權法、商標法、專利法或其他智慧財產權法規行使權利之正當行為，不適用本法之規定。

第46條

事業關於競爭之行為，優先適用本法之規定。但其他法律另有規定且不牴觸本法立法意旨者，不在此限。

第47條

未經認許之外國法人或團體，就本法規定事項得爲告訴、自訴或提起民事訴訟。但以依條約或其本國法令、慣例，中華民國人或團體得在該國享受同等權利者爲限；其由團體或機構互訂保護之協議，經主管機關核准者亦同。

第47-1條

主管機關爲強化聯合行爲查處，促進市場競爭秩序之健全發展，得設立反托拉斯基金。

前項基金之來源如下：

一、提撥違反本法罰鍰之百分之三十。

二、基金孳息收入。

三、循預算程序之撥款。

四、其他有關收入。

第一項基金之用途如下：

一、檢舉違法聯合行爲獎金之支出。

二、推動國際競爭法執法機關之合作、調查及交流事項。

三、補助本法與涉及檢舉獎金訴訟案件相關費用之支出。

四、辦理競爭法相關資料庫之建置及維護。

五、辦理競爭法相關制度之研究發展。

六、辦理競爭法之教育及宣導。

七、其他維護市場交易秩序之必要支出。

前項第一款有關檢舉獎金適用之範圍、檢舉人資格、發給標準、發放程序、獎金之撤銷、廢止與追償、身分保密等事項之辦法，由主管機關定之。

第48條

對主管機關依本法所爲之處分或決定不服者，直接適用行政訴訟程序。

本法修正施行前，尚未終結之訴願事件，依訴願法規定終結之。

第49條
本法施行細則，由主管機關定之。

第50條
本法除中華民國一百零四年一月二十二日修正之第十條及第十一條條文自公布三十日後施行外，自公布日施行。

公平交易法施行細則

民國111年4月7日公平交易委員會令修正發布第6、8、9、36條條文。

第1條
本細則依公平交易法（以下簡稱本法）第四十九條規定訂定之。

第2條
本法第二條第二項所稱同業公會如下：
一、依工業團體法成立之工業同業公會及工業會。
二、依商業團體法成立之商業同業公會、商業同業公會聯合會、輸出業同業公會及聯合會、商業會。
三、依其他法規規定所成立之律師公會、會計師公會、建築師公會、醫師公會、技師公會等職業團體。
本法第二條第二項所稱其他依法設立、促進成員利益之團體，指除前項外其他依人民團體法或相關法律設立、促進成員利益之事業團體。

第3條
本法第七條所稱獨占，應審酌下列事項認定之：
一、事業在特定市場之占有率。
二、考量時間、空間等因素下，商品或服務在相關市場變化中之替代可能性。
三、事業影響相關市場價格之能力。
四、他事業加入相關市場有無不易克服之困難。
五、商品或服務之輸入、輸出情形。

第4條
計算事業之市場占有率時，應先審酌該事業及該特定市場之生產、銷售、存貨、輸入及輸出值（量）之資料。

計算市場占有率所需之資料，得以主管機關調查所得資料或其他政府機關記載資料為基準。

第5條

本法第二條第二項所稱同業公會或其他團體之代表人，得為本法聯合行為之行為人。

第6條

本法第十條第二項與第十一條第二項所稱控制與從屬關係，指有下列情形之一者：

一、事業持有他事業有表決權之股份或出資額，超過他事業已發行有表決權股份總數或資本總額半數。

二、事業直接或間接控制他事業之人事、財務或業務經營。

三、二事業間，有本法第十條第一項第三款或第四款所定情形，而致一事業對另一事業有控制力。

四、本法第十一條第三項之人或團體及其關係人持有他事業有表決權之股份或出資額，超過他事業已發行有表決權股份總數或資本總額半數。

有下列情形之一者，推定為有控制與從屬關係：

一、事業與他事業之執行業務股東或董事有半數以上相同。

二、事業與他事業之已發行有表決權股份總數或資本總額有半數以上為相同之股東持有或出資。

第7條

本法第十一條第一項第三款所稱銷售金額，指事業之營業收入總額。

前項營業收入總額之計算，得以主管機關調查所得資料或其他政府機關記載資料為基準。

第8條

本法第十一條第一項之事業結合，由下列之事業向主管機關提出申報：

一、與他事業合併、經常共同經營或受他事業委託經營者，爲參與結合之事業。

二、持有或取得他事業股份或出資額，爲持有或取得之事業。但持有或取得事業間具有控制與從屬關係者，或受同一事業或數事業控制者，亦得爲最終控制之事業。

三、受讓或承租他事業之營業或財產者，爲受讓或承租之事業。

四、直接或間接控制他事業之業務經營或人事任免者，爲控制事業。

應申報事業尚未設立者，由參與結合之既存事業提出申報。

金融控股公司或其依金融控股公司法具控制性持股之子公司參與結合時，由金融控股公司提出申報。

第9條

本法第十一條第一項之事業結合，應備下列文件，向主管機關提出申報：

一、申報書，載明下列事項：

　　(一)結合型態及內容。

　　(二)參與事業之姓名、住居所或公司、行號或團體之名稱、事務所或營業所。

　　(三)預定結合日期。

　　(四)設有代理人者，其代理人之姓名及其證明文件。

　　(五)其他必要事項。

二、參與事業之基本資料：

　　(一)事業設有代表人或管理人者，其代表人或管理人之姓名及住居所。

　　(二)參與事業之資本額及營業項目。

　　(三)參與事業、與參與事業具有控制與從屬關係之事業，以及與參與事業受同一事業或數事業控制之從屬關係事業，其上一會計年度之營業額。

　　(四)每一參與事業之員工人數。

　　(五)參與事業設立證明文件。

三、參與事業上一會計年度之財務報表及營業報告書。

四、參與事業就該結合相關商品或服務之生產或經營成本、銷售價格及產銷值（量）等資料。

五、實施結合對整體經濟利益及限制競爭不利益之說明。

六、參與事業未來主要營運計畫。

七、參與事業轉投資之概況。

八、本法第十一條第三項之人或團體，持有他事業有表決權股份或出資額之概況。

九、參與事業之股票在證券交易所上市，或於證券商營業處所買賣者，其最近一期之公開說明書或年報。

十、參與事業之水平競爭或其上下游事業之市場結構資料。

十一、主管機關為評估結合對競爭影響所指定之其他文件或其他資料。

前項申報書格式，由主管機關定之。

事業結合申報，有正當理由無法提出第一項應備文件或資料者，應於申報書內表明並釋明之。

第10條

事業結合依本法第十一條第一項提出申報時，所提資料不符前條規定或記載不完備者，主管機關得敘明理由限期通知補正；屆期不補正或補正後所提資料仍不齊備者，不受理其申報。

第11條

本法第十一條第七項所定受理其提出完整申報資料之日，指主管機關受理事業提出之申報資料符合第九條規定且記載完備之收文日。

第12條

事業依本法第十五條第一項但書規定申請許可，應由參與聯合行為之事業

共同爲之。

前項事業爲本法第二條第二項所定之同業公會或其他團體者，應由該同業公會或團體爲之。

前二項之申請，得委任代理人爲之。

第13條

依本法第十五條第一項但書規定申請許可，應備下列文件：

一、申請書，載明下列事項：

　　(一)申請聯合行爲之商品或服務名稱。

　　(二)聯合行爲之型態。

　　(三)聯合行爲實施期間及地區。

　　(四)設有代理人者，其代理人之姓名及其證明文件。

　　(五)其他必要事項。

二、聯合行爲之契約書、協議書或其他合意文件。

三、實施聯合行爲之具體內容及實施方法。

四、參與事業之基本資料：

　　(一)參與事業之姓名、住居所或公司、行號、公會或團體之名稱、事務所或營業所。

　　(二)事業設有代表人或管理人者，其代表人或管理人之姓名及住居所。

　　(三)參與事業之營業項目、資本額及上一會計年度之營業額。

五、參與事業最近三年與聯合行爲有關之商品或服務價格及產銷值（量）之逐季資料。

六、參與事業上一會計年度之財務報表及營業報告書。

七、參與事業之水平競爭或其上下游事業之市場結構資料。

八、聯合行爲評估報告書。

九、其他經主管機關指定之文件。

前項申請書格式，由主管機關定之。

第14條

前條第一項第八款聯合行為評估報告書，並應載明下列事項：

一、參與事業實施聯合行為前後成本結構及變動分析預估。

二、聯合行為對未參與事業之影響。

三、聯合行為對該市場結構、供需及價格之影響。

四、聯合行為對上、下游事業及其市場之影響。

五、聯合行為對整體經濟與公共利益之具體效益與不利影響。

六、其他必要事項。

第15條

依本法第十五條第一項第一款、第三款或第八款規定申請許可者，其聯合行為評估報告書除依前條規定外，並應詳載其實施聯合行為達成降低成本、改良品質、增進效率、促進合理經營、產業發展或技術創新之具體預期效果。

第16條

依本法第十五條第一項第二款規定申請許可者，其聯合行為評估報告書除第十四條規定外，並應詳載下列事項：

一、個別研究開發及共同研究開發所需經費之差異。

二、提高技術、改良品質、降低成本或增進效率之具體預期效果。

第17條

依本法第十五條第一項第四款規定申請許可者，其聯合行為評估報告書除第十四條規定外，並應詳載下列事項：

一、參與事業最近三年之輸出值（量）與其占該商品總輸出值（量）及內
　　外銷之比例。

二、促進輸出之具體預期效果。

第18條

依本法第十五條第一項第五款規定申請許可者，其聯合行為評估報告書除第十四條規定外，並應詳載下列事項：

一、參與事業最近三年之輸入值（量）。

二、事業為個別輸入及聯合輸入所需成本比較。

三、達成加強貿易效能之具體預期效果。

第19條

依本法第十五條第一項第六款規定申請許可者，其聯合行為評估報告書除第十四條規定外，並應詳載下列事項：

一、因經濟不景氣，而致同一行業之事業難以繼續維持或生產過剩之資料。

二、參與事業最近三年每月之產能、設備利用率、產銷值（量）、輸出入值（量）及存貨量資料。

三、最近三年間該行業廠家數之變動狀況。

四、該行業之市場展望資料。

五、除聯合行為外，已採或擬採之自救措施。

六、實施聯合行為之預期效果。

除前項應載事項外，主管機關得要求提供其他相關資料。

第20條

依本法第十五條第一項第七款規定申請許可者，其聯合行為評估報告書除第十四條規定外，並應詳載下列事項：

一、符合中小企業認定標準之資料。

二、達成增進經營效率或加強競爭能力之具體預期效果。

第21條

本法第十五條第一項第七款所稱中小企業，依中小企業發展條例規定之標

準認定之。

第22條

事業依本法第十五條第一項但書規定申請聯合行為許可時，所提資料不全或記載不完備者，主管機關得敘明理由限期通知補正；屆期不補正或補正後所提資料仍不齊備者，駁回其申請。

第23條

本法第十五條第二項所定三個月期限，自主管機關收文之次日起算。但事業提出之資料不全或記載不完備，經主管機關限期通知補正者，自補正之次日起算。

第24條

事業依本法第十六條第二項規定申請延展時，應備下列資料，向主管機關提出：
一、申請書。
二、聯合行為之契約書、協議書或其他合意文件。
三、實施聯合行為之具體內容及實施方法。
四、參與事業之基本資料。
五、參與事業最近三年與聯合行為有關之商品或服務價格及產銷值（量）之逐季資料。
六、參與事業上一會計年度之財務報表及營業報告書。
七、參與事業之水平競爭或其上下游事業之市場結構資料。
八、聯合行為評估報告書。
九、原許可文件影本。
十、申請延展之理由。
十一、其他經主管機關指定之文件或資料。
前項第三款應符合原申請許可之內容，如逾越許可範圍，應重新提出申

請。

事業依本法第十六條第二項規定申請聯合行為延展時，所提資料不全或記載不完備者，主管機關得敘明理由限期通知補正；屆期不補正或補正後所提資料仍不齊備者，駁回其申請。

第25條
本法第十九條第一項但書所稱正當理由，主管機關得就事業所提事證，應審酌下列因素認定之：
一、鼓勵下游事業提升售前服務之效率或品質。
二、防免搭便車之效果。
三、提升新事業或品牌參進之效果。
四、促進品牌間之競爭。
五、其他有關競爭考量之經濟上合理事由。

第26條
本法第二十條第二款所稱正當理由，應審酌下列情形認定之：
一、市場供需情況。
二、成本差異。
三、交易數額。
四、信用風險。
五、其他合理之事由。
差別待遇是否有限制競爭之虞，應綜合當事人之意圖、目的、市場地位、所屬市場結構、商品或服務特性及實施情況對市場競爭之影響等加以判斷。

第27條
本法第二十條第三款所稱低價利誘，指事業以低於成本或顯不相當之價格，阻礙競爭者參與或從事競爭。

低價利誘是否有限制競爭之虞，應綜合當事人之意圖、目的、市場地位、所屬市場結構、商品或服務特性及實施情況對市場競爭之影響等加以判斷。

第28條

本法第二十條第五款所稱限制，指搭售、獨家交易、地域、顧客或使用之限制及其他限制事業活動之情形。

前項限制是否不正當而有限制競爭之虞，應綜合當事人之意圖、目的、市場地位、所屬市場結構、商品或服務特性及履行情況對市場競爭之影響等加以判斷。

第29條

事業有違反本法第二十一條第一項、第四項規定之行為，主管機關得依本法第四十二條規定，令其刊登更正廣告。

前項更正廣告方法、次數及期間，由主管機關審酌原廣告之影響程度定之。

第30條

主管機關對於無具體內容、未具真實姓名或住址之檢舉案件，得不予處理。

第31條

主管機關依本法第二十七條第一項第一款規定為通知時，應以書面載明下列事項：

一、受通知者之姓名、住居所。受通知者為公司、行號、公會或團體者，其負責人之姓名及事務所、營業所。

二、擬調查之事項及受通知者對該事項應提供之說明或資料。

三、應到之日、時、處所。

四、無正當理由不到場之處罰規定。

前項通知，至遲應於到場日四十八小時前送達。但有急迫情形者，不在此限。

第32條

前條之受通知者得委任代理人到場陳述意見。但主管機關認為必要時，得通知應由本人到場。

第33條

第三十一條之受通知者到場陳述意見後，主管機關應作成陳述紀錄，由陳述者簽名。其不能簽名者，得以蓋章或按指印代之；其拒不簽名、蓋章或按指印者，應載明其事實。

第34條

主管機關依本法第二十七條第一項第二款規定為通知時，應以書面載明下列事項：
一、受通知者之姓名、住居所。受通知者為公司、行號、公會或團體者，其負責人之姓名及事務所、營業所。
二、擬調查之事項。
三、受通知者應提供之說明、帳冊、文件及其他必要之資料或證物。
四、應提出之期限。
五、無正當理由拒不提出之處罰規定。

第35條

主管機關收受當事人或關係人所提出之帳冊、文件及其他必要之資料或證物後，應依提出者之請求製發收據。

第36條

依本法量處罰鍰時，應審酌一切情狀，並注意下列事項：
一、違法行為之動機、目的及預期之不當利益。

二、違法行為對交易秩序之危害程度。

三、違法行為危害交易秩序之持續期間。

四、因違法行為所得利益。

五、事業之規模、經營狀況及其市場地位。

六、以往違法類型、次數、間隔時間及所受處罰。

七、違法後改正情形及配合調查等態度。

第37條

本細則自發布日施行。

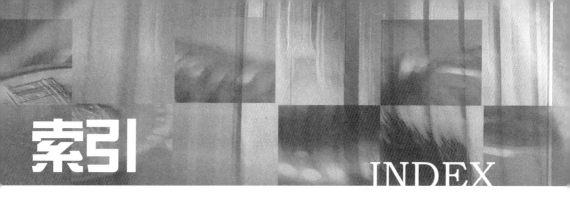

索引 INDEX

國家圖書館出版品預行編目資料

公平交易法——案例式／林洲富著.－－五
版.－－臺北市：五南圖書出版股份有限公
司, 2024.05
面；　公分
ISBN 978-626-393-306-4（平裝）

1.CST: 公平交易法　2.CST: 個案研究

553.433　　　　　　　　113005646

1R87

公平交易法——案例式

作　　　者 — 林洲富(134.2)

發 行 人 — 楊榮川

總 經 理 — 楊士清

總 編 輯 — 楊秀麗

副總編輯 — 劉靜芬

責任編輯 — 林佳瑩、李孝怡

封面設計 — 封怡彤

出 版 者 — 五南圖書出版股份有限公司

地　　　址：106台北市大安區和平東路二段339號4樓

電　　　話：(02)2705-5066　　傳　　　真：(02)2706-6100

網　　　址：https://www.wunan.com.tw

電子郵件：wunan@wunan.com.tw

劃撥帳號：01068953

戶　　　名：五南圖書出版股份有限公司

法律顧問　林勝安律師

出版日期　2012年10月初版一刷
　　　　　2015年 4 月二版一刷
　　　　　2018年 7 月三版一刷
　　　　　2020年12月四版一刷
　　　　　2024年 5 月五版一刷

定　　　價　新臺幣380元

經典永恆・名著常在

◆

五十週年的獻禮——經典名著文庫

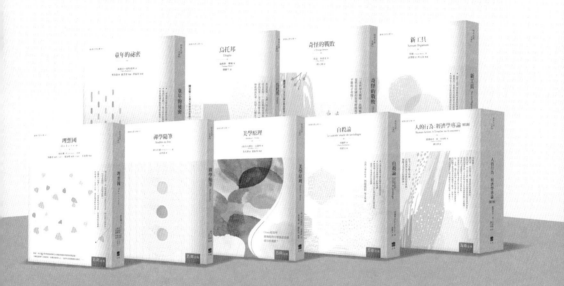

五南，五十年了，半個世紀，人生旅程的一大半，走過來了。

思索著，邁向百年的未來歷程，能為知識界、文化學術界作些什麼？

在速食文化的生態下，有什麼值得讓人雋永品味的？

歷代經典・當今名著，經過時間的洗禮，千錘百鍊，流傳至今，光芒耀人；

不僅使我們能領悟前人的智慧，同時也增深加廣我們思考的深度與視野。

我們決心投入巨資，有計畫的系統梳選，成立「經典名著文庫」，

希望收入古今中外思想性的、充滿睿智與獨見的經典、名著。

這是一項理想性的、永續性的巨大出版工程。

不在意讀者的眾寡，只考慮它的學術價值，力求完整展現先哲思想的軌跡；

為知識界開啟一片智慧之窗，營造一座百花綻放的世界文明公園，

任君遨遊、取菁吸蜜、嘉惠學子！